Jean – Paul Ilunga Musana

Connaître Dieu par ses bienfaits

Jean – Paul Ilunga Musana

Connaître Dieu par ses bienfaits

Éditions Croix du Salut

Imprint
Any brand names and product names mentioned in this book are subject to trademark, brand or patent protection and are trademarks or registered trademarks of their respective holders. The use of brand names, product names, common names, trade names, product descriptions etc. even without a particular marking in this work is in no way to be construed to mean that such names may be regarded as unrestricted in respect of trademark and brand protection legislation and could thus be used by anyone.

Cover image: www.ingimage.com

Publisher:
Éditions Croix du Salut
is a trademark of
Dodo Books Indian Ocean Ltd., member of the OmniScriptum S.R.L Publishing group
str. A.Russo 15, of. 61, Chisinau-2068, Republic of Moldova Europe
Printed at: see last page
ISBN: 978-620-3-84155-8

L'EPIGRAPHE

Or, la vie éternelle, c'est qu'ils te connaissent, toi, le seul vrai Dieu, et celui que tu as envoyé, Jésus- Christ (Jean 17 : 3).

DEDICACE

Lorsque Jésus apparut aux 11 disciples après la résurrection ; il leur a donné la mission suivante : Allez donc, de toutes les nations faites des disciples, les baptisant au nom du Père et du Fils et du Saint-Esprit. (Matthieu 28 : 19).

Et dans sa prière sacerdotale, Jésus pria à son Père...Il dit : Or, la vie éternelle, c'est qu'il te connaissent, toi, le seul vrai Dieu, et celui que tu as envoyé, Jésus-Christ. (Jean 17 :3).

L'apôtre Paul écrit : Puisque, connaissant Dieu, ils ne l'ont ni glorifié ni remercié comme Dieu ; au contraire, ils se sont perdus en vaines pensées et leur cœur intelligent s'est enténébré. Se flattant d'être des sages, ils sont devenus fous, et à la gloire du Dieu immortel ils ont substitué des images représentant l'homme mortel, des oiseaux, des quadrupèdes et des reptiles. Eux qui ont échangé la vérité divine pour le mensonge et qui ont adoré et servi la créature au lieu du Créateur, _ lequel est béni éternellement. Amen (Romains 1 : 21-23,25)

Donc, partant de tout ceci, cet ouvrage est dédié à tous les serviteurs de Dieu Pasteurs et Laïcs de l'église catholique universelle d'entreprendre une mission évangélique de partout au monde de toutes les nations faire des disciples, faire connaître le seul vrai Dieu, et faire revenir l'homme de ses vaines pensées qui le conduisent à l'idolâtrie et au paganisme jusqu'à devenir fou et à la perdition totale devant Dieu.

Il est de notre devoir d'annoncer l'évangile sans honte comme l'écrit l'apôtre Paul :

En effet je n'ai point honte de l'évangile : car c'est une force divine pour le salut de quiconque croit, du juif d'abord puis du Grec (Romains 1 :16)

INTRODUCTION

La connaissance de Dieu pose beaucoup de questions, la matière à réflexion et des attitudes des hommes pour saisir son existence et son Etre.

Etant Esprit, personne n'a vu Dieu. Mais Moïse a parlé avec Dieu. En personne ; Jésus-Christ a dit celui qui m'a vu ; a vu mon père, Dieu s'est incarné en la personne de Jésus-Christ.

Conçu par la puissance du Saint-Esprit et Né de la vierge Marie.

D'autre part ; pour se faire connaître, Dieu se révèle aux hommes de différentes manières et manifeste sa gloire par ses multiples bienfaits, sa providence et miracles. Tant d'hommes se posent beaucoup de questions suivantes :

- Dieu existe-t-il ?
- Qui a créé Dieu
- Où est –IL ?
- Si Dieu n'était pas que serait le monde ?
- Si Dieu a créé le monde ; où a-t-il trouvé l'intelligence de créer toutes ces choses qui existent ?
- Certains chrétiens se posent la question de savoir si Dieu existait pourquoi les malheurs nous arrivent ; pourquoi la souffrance nous accable sous toutes ses formes et des manières pénibles quelle que soit notre prière ?

En matière de réflexion et des attitudes des hommes à l'égard de Dieu retenons :

- **Blaise Pascal** émet l'idée de ''PARI DE PASCAL OU PASCALIEN'' qui est un argument des pensées destiné à montrer aux incroyants qu'en pariant sur l'existence de Dieu ils ont tout à gagner et rien à perdre.
- En d'autres termes ; c'est-à-dire que lorsqu'on croit en l'existence de Dieu, lorsqu'on meurt ; on n'aura pas à perdre que lorsqu'on meurt sans croire en existence de Dieu ; on perd tout.[1]
- **René Descartes** dans son livre Discours de la Méthode, il émet l'idée de doute méthodique ou radical qu'il faut se douter un peu de tout. Partant de sa propre existence ''Cogito ergo sum'' ; sur cette base il prouve l'existence de Dieu.[2]
- **Paul Sartre** dans une de ses citations il dit ''Si Dieu existe ; il ne peut pas être un Dieu Malin et Trompeur.[3]
- -Les attitudes des hommes à l'égard de Dieu sont résumées dans le tableau suivant :

---

[1] Blaise PASCAL, le Larousse illustre, Edition spéciale RDC, Kinshasa, 2009, p.744.

[2] René DESCARTES, Discours de la méthode et méditations métaphysique, dans Larousse Petit Robert,

[3] Jean-Paul SARTRE, Le diable et le Bon Dieu,

- Dieu, un être inconnu et inconnaissable. Impossibilité absolue pour l'homme d'accéder à la connaissance de l'origine, de la nature et de la destinée des choses=**Agnosticisme**.
- Négation absolue de l'existence de Dieu =un seul principe dans l'Univers d'où tout provient, la matière, **Athéisme.**
- Dieu, non pas un Dieu personnel et vivant, mais une force, un principe intérieur à la matière, se confondant avec elle et la ''déterminant'', un Dieu seulement immanent, c'est –à-dire substantiellement identique au monde, d'où négation de la liberté et de la personnalité, celle de Dieu comme celle de l'homme = **panthéisme.**
- Un Dieu personnel : **Dualisme.**
- Un Dieu ''lointain'', transcendant au monde, c'est-à-dire différent substantiellement de lui ; doctrine rejetant toute révélation directe de Dieu à l'homme au profit d'une ''religion naturelle''. = **Déisme**, gouvernant le monde en toute sagesse et justice, prenant soin de ses créatures et se révélant à l'homme de diverses manières = **Théisme**
- Le Christianisme est la forme la plus élevée du théisme ; son Dieu est le Dieu du ''Sermon sur la montagne'', un Dieu personnel, unique Créateur de l'Univers (Esaïe 45.18-19 et 46. 9-11), tout à la fois transcendant et immanent, absolument distinct de sa créature, en même temps Dieu de loin et de près (Jérémie 23.23 ; Esaïe 40.26-31) … **Le Christianisme** est la révélation la plus complète et la plus pure de Dieu à l'homme…[4]

Il n'y a pas que cela. Il y a aussi le syncrétisme et le paganisme.

- **Le syncrétisme :** selon le Larousse illustré 2009, se définit comme un système philosophique ou religieux qui tend à faire fusionner plusieurs doctrines différentes.[5] Partant de cette définition ; nous trouvons plusieurs personnes qui appartiennent aux plusieurs doctrines ou confessions à la fois : la magie, le fétiche, l'idolâtrie, le Christianisme etc.…
- **Le paganisme :** nom donné par les chrétiens des premiers siècles au polythéiste auquel les populations de l'Empire romain restèrent longtemps fidèles.[6] De nos jours ; encore, il y a beaucoup de personnes dont leur croyance en seul Dieu qu'elles remplacent par de dieux dans lesquels elles placent leur espoir de vivre, auxquels elles font recours pendant la détresse.

La considération de tout ceci dans l'ensemble ; traduit de l'ignorance de l'existence de Dieu.

- **Le scepticisme :** Etat d'esprit d'une personne qui refuse son adhésion à des croyances ou à des affirmations générales admises.

---

[4] Daniel VERNET, La Bible et la science, Ligue pour la Lecture de la Bible,68 Guebwiller(France), 1971, p 175-176.
[5] Le Larousse illustré, Edition spéciale RDC, Kinshasa 2009, p983.
[6] Le Larousse illustré, Edition spécial RDC, Kinshasa 2009, p 728

Courant de la philosophie antique qui s'est attaché à montrer de la façon méthodique que l'esprit humaine ne saurait atteindre une quelconque vérité, et qu'il convient donc de suspendre son jugement si l'on veut parvenir à l'ataraxie.
Doctrine qui nie qu'une vérité ou une certitude absolue puissent être atteintes, mais qui préserve la possibilité d'une connaissance expérimentale et scientifique du monde extérieur.[7]Cet état d'esprit domine encore plusieurs personnes sans position devant la vérité de la connaissance de vrai Dieu et de son existence.

Mon ouvrage n'a pas la prétention de répondre à toutes ces conceptions. Croyances, comme faisant l'apologétique de ce que l'on se fait sur l'existence de Dieu, mais plutôt un objectif de rendre témoignage de l'existence de Dieu par ses bienfaits qu'IL ne cesse de nous combler par sa grâce pourvoyeuse.

Sans m'éloigner de **Pr Daniel Vernet** de ce qu'il écrit dans son livre ''LA BIBLE ET LA SCIENCE'' dans lequel il rend témoignage de l'existence de Dieu sans conflits entre la Bible et la Science [8] en faisant référence aux éminents savants, docteurs, Professeurs de différents domaines scientifiques, à la Bible et à ses connaissances personnelles sur Dieu .Ici, Je vais donner les quelques cas des bienfaits de Dieu à travers lesquels Il se manifeste aux hommes ; partant de la Bible et des témoignages des personnes qui ont jouit de certains bienfaits de Dieu dans leur vie. Je dis bien les quelques, car il est impossible à un homme de savoir tous les bienfaits de Dieu parmi ses créatures ; car il y en a quelques-uns qui nous échappent nous-mêmes.

---

[7] Le Larousse illustré, Édition spéciale RDC, Kinshasa, 2009, p 921.
[8] Daniel VERNET, la Bible et la science, la Ligue pour la lecture de la Bible, 68-Guebwiller,1971 (France) p 5.

LA CREATION DU MONDE

I. QUELQUES PASSAGES OU TEXTES DE REFERENCE.

- Au commencement Dieu créa le ciel et la terre Genèse 1.1-23 ; Jean 1.1-3.
- La création des animaux de toute espèce : animaux domestiques, reptiles et bêtes sauvages : Genèse 1.24-25.
- La création de l'homme et de la femme : Genèse 1.26-27 ; 2.7 ; 2.20-23.
- A Yahwèh appartient la terre et tout ce qui la remplit, le monde et ceux qui l'habitent, car c'est lui qui a mis son fondement sur les mers et l'a solidement établie sur les fleuves. Psaumes 24.1-2.
- Toute maison, en effet a un constructeur ; or, c'est Dieu qui est constructeur de toutes choses : Hébreux 3 :4.

II. LES TEXTES D'EXPOSE OU D'ILLUSTRATION : Genèse 1 : 1-23 et Jean 1 :1-3.

Lorsque nous parcourons tous ces passages bibliques, la Bible nous cite Dieu qui est le CREATEUR de toutes les choses qui existent ; Il les a créées par sa parole : « LE LOGOS »
Il a établi le ciel et la terre comme témoin.
La verdure, les reptiles, les animaux, les oiseaux qui volent dans le ciel, les aquatiques et les restes des êtres vivants et tout ce qui ne respire pas sont l'œuvre de Dieu Vivant.
Après avoir tout créé ; Dieu les soumit à l'homme pour leur donner les noms et savoir comment l'homme allait les appeler. L'homme donna à chaque créature son nom.
L'homme créé à l'image de Dieu fut placé dans le jardin d'Eden. Dieu lui donna le pouvoir de manger tous les fruits du Jardin à l'exception faite des fruits de l'arbre qui était au milieu de champ de crainte de mourir le jour où il en mangera.
Dieu dota à l'homme de pouvoir de dominer sur tous les êtres. Dieu vit que ce n'est pas bien que l'homme vive seul ; Il lui donna une aide semblable à lui que l'homme appela femme qui est l'os de ses os et chair de sa chair. Dieu les bénit tous deux à se multiplier et remplir le monde. L'homme eut l'ordre de Dieu pour garder et entretenir le champ au milieu duquel il fut placé.
A cause de sa transgression l'homme fut chassé de jardin d'Eden.
La destinée de l'homme devient : NAITRE, VIVRE ET MOURIR.
En Jean 1 :1-3 la Bible déclare : au commencement était la parole ou le verbe, et le verbe était avec ou auprès de Dieu et le Verbe était Dieu.
Il était, au commencement auprès de Dieu,
Tout a été fait par Lui et, sans Lui rien n'a été fait de ce qui a été fait.
En Lui était la vie....

III. QUELQUES QUESTIONS DE MEDITATION ET REFLEXION.

1. Peut-il y avoir une propriété sans propriétaire ?
2. Une œuvre d'art sans artiste ?
3. Un enfant sans parents ?
4. Peut-il y avoir quelque chose quelconque qui existerait sans qu'il y ait celui qui l'aurait appelé à l'existence ?
5. Peut-il y avoir la fumée sans feu ?
6. Existe-il une cour d'eau sans source ?
7. Y a-t-il des écrits sans l'écrivain
8. Peut-il se produire un accident, un avènement, un événement, un incident ou un acte sans l'auteur ni sans agent causal ?
9. Une force ou une énergie peut –elle agit de soi sans l'animateur ou celui qui l'actionne ?
10. Le hasard peut –il avoir lieu sans quelque chose qui puisse l'occasionner ?

La liste peut être longue. En dehors de cette suite, vous pouvez vous en poser d'autres. Selon Daniel Vernet dans le livre « LA BIBLE ET LA SCIENCE » il écrit : Dieu se révèle d'abord à nous par ses œuvres : Il est le Créateur. Très longtemps avant le sceptique Voltaire qui déclarait :

« Le monde m'embrasse, et je ne puis songer
Que cette horloge existe et n'ait point d'horloger »

et qui constatait aussi :

« Les athées n'ont jamais répondu à cette difficulté qu'une horloge prouve l'horloger. »[9]

IV. LES COMMENTAIRES EN GUISE DE CONCLUSION.

Que vous renseignent tous ces merveilles de la nature qui dépassent parfois votre entendement ? Un jour j'avais assisté à un débat des personnes qui se posaient tant des questions concernant la personne de Dieu, de son origine, de son omnipotence, omniscience et de son omniprésence. Sans trouver une réponse qui pourrait les soulager ; ils se dirent : non il faut nous arrêter ici pour ne pas nous casser la tête.

Il faut être Dieu pour saisir la création dans toutes les dimensions du temps et de l'espace, dans son ensemble comme dans ses mêmes détails. Et l'homme, lui ne peut que balbutier devant tant de grandeur, de majesté, de puissance, de sagesse. Dieu seul peut parler de Dieu et de son œuvre. Qui sommes –nous donc pour oser aborder un tel sujet ? En vérité, au départ comme au terme d'une pareille démarche, notre attitude ne peut être que celle du patriarche Job qui déclarait :
« Oui ! J'ai parlé sans comprendre de merveilles qui me dépassent et que je ne conçois pas »(Job 42 :3) Comme nous avons besoin de l'Esprit de Dieu, face à ces grandes et graves questions , pleines de mystères , mais qui, pourtant ,nous hantent car

---

[9] Daniel VERNET, La Bible et la Science, La ligue pour le Lecteur de la Bible, 68, Guebwiller, (France) 1971, p 8.

nous sommes nous-mêmes une partie de la Création de Dieu et son couronnement ![10]
Plus loin encore dans ce même livre, l'auteur parle et pose la question de savoir :

D'OU VIENT LA CREATION ? QUELLE EST SON ORIGINE ?

Il ne suffit pas d'examiner la création d'une façon statique. Il faut aussi l'envisager sous son aspect dynamique, la considérer en marche, en essayant d'apercevoir du côté du passé d'où elle vient, du côté de l'avenir où elle va.
L'Univers matériel a eu un commencement absolu, il y a eu à un moment donné, une création primordiale, n'excluant pas à d'autres niveaux, selon un plan déterminé, et non par une suite innombrable d'événements fortuits, de hasards heureux, d'autres créatures. C'est ce qu'affirme la Bible par ces simples mots empreints de la majesté même de Celui dont « la main a fait toutes choses » (Job 12 :9) « Au commencement Dieu créa…» (Genèse 1 :1) La science moderne et nombre de ces représentants parmi les plus autorisés n'y contredisent pas.[11]

OU VA LA CREATION ? QUELLE EST SA DESTINEE FINALE ?

Là encore, il ne faut pas s'étourdir par de faux raisonnement. La Bible nous dit : « La création a été soumise à la vanité _ non de son gré, mais à cause de celui qui l'y a soumise… « (Romains 8 :20)
Cette affirmation de l'apôtre Paul nous reporte aux origines de l'humanité où par la faute d'un seul homme le péché est entré dans le monde et par le péché la mort » (Rom 8 :12). Alors « le sol a été maudit » (Gen. 3 ; 7) ; « la terre a été maudite » (Gen. 5 : 29) ; la création entière a été maudite.

C'est pour cela que, sans détour aucun, et sans que le doute soit permis sur ses déclarations à ce sujet, la Bible nous parle de la fin du monde, de la fin de l'Univers matériel (Psaume 102 : 25-27 ; Hébreux 1 :10-12 ;Isaïe 51 :6 ;Matt 24 :35, 24 :29 ;Apocalypse 6 :12-14 ; II Pierre 3 : 10-12 ; Apocalypse 21 :1 et 5 et 10 : 5-6…).[12]

Nous sommes amenés à cette réflexion que nul ne peut se douter de contempler les merveilles de la nature. Devant ces multitudes des questions que nous nous posons parfois sans réponse et casse-tête. Nul ne peut se refuser cette vérité :
Dieu se révèle d'abord à nous par ses œuvres : Il est le Créateur.

---

[10] Daniel VERNET, La Bible et la Science, La ligue pour la lecture de la Bible, Guebwiller, (France) 1971, p 69.
[11] Daniel VERNET, La Bible et la Science, La ligue pour la lecture de la Bible, Guebwiller, (France) 1971, p 78.
[12] Daniel VERNET, La Bible et la Science, La ligue pour la lecture de la Bible, Guebwiller, (France) 1971, p 98.

V. INVOCATIONS ET LOUANGES.

L'ETERNEL :

- Tu as étendu la terre et le ciel que tu as posés la fondation de profondeurs des mers et des eaux ; Tu as fait pousser les arbres et les herbes, la terre sur laquelle rampent des reptiles ;
- Tu as différencié la savane de la forêt, la plaine de désert ; la steppe de beau paysage et Tu as étalé la belle verdure pour le pâturage ;
- Tu as amassé des cailloux, pierres et roches pour former des montagnes, des monticules, des chaines des montagnes, des dunes, des coteaux, des élévations des pics et collines ;
- Tu as donné à la terre une variété des formes et des aspects : la plaine, les vallées, les pentes abruptes, ce qui constitue son relief ;
- Tu as voûté le ciel où planent les nuages, les étoiles et la lune brillent pendant la nuit ; le soleil éclaire pendant le jour !
- Tu as embelli la terre de multitudes de flores agréable à la vue et d'une verdure verdoyante et magnifique ; vêtir le sol ;
-Tu as percé la terre des recueillements des eaux stagnantes, des puits, des étangs, des lacustres, des mers et des océans où vivent de géants et de petits aquatiques ;
- Tu as fait les eaux qui coulent en ruissellement, ruisseaux, rivières et les fleuves à travers les pays et arrosent ainsi les sols arides ;
- A l'horizon la terre et le ciel semblent se toucher créant un espace vide où volent et voltigent les oiseaux ;
-Aux hauts sommets des arbres, des oiseaux chantent et manifestent ta gloire ;
-Les animaux tant sauvages que domestiques broutent des herbes de bons pâturages à la merci de ta bonté ; tandis que les carnivores et les bêtes sauvages menacent la vie d'autres vivants.

Après avoir tout fait Tu as dit : TOUT EST BON !

Le 6ème jour avant de te reposer, Tu avais malaxé la poussière de la terre avec ta main formant ainsi une masse inerte qui prit vie et devint mobile après ton souffre de vie dans ses narines ; ainsi Tu as créé l'homme à ton image.
L'homme créé à ton image a pour mission de t'adorer et Te servir ;
Il fut doté de pouvoir de dominer sur toutes les autres créatures ; de garder et d'entretenir le jardin d'Eden où il fut placé pour jouir et manger gratuitement les fruits des tous les arbres à l'exception faite, les fruits de l'arbre se trouvant au milieu du jardin…
Voyant qu'il n'était pas bon pour l'homme de vivre seul, Tu lui donnes un être semblable à lui pour aide qu'il appela nommément : OS DE MES OS, CHAIR DE MA CHAIR et cela après un profond sommeil. Ainsi, une femme fut créée.

A cause de sa transgression de la parole de Dieu, l'homme s'est attiré toutes les souffrances possibles et la mort lorsque Dieu dit parce que tu as écouté la parole de ta femme… Seule la grâce et l'amour de Dieu donne le salut par la mort expiatoire de Son fils Jésus-Christ notre Seigneur et Sauveur mort et ressuscité pour le salut de quiconque croit.

RETENONS : - Genèse 1 :1
- Jean 1 :3
- Hébreux 3 :4
- Colossiens 1 : 16.

PRIERE : Dieu notre Père, notre raisonnement et notre intelligence sont dépassés par l'entendement de comprendre tes merveilles !
La science n'arrive pas à expliquer tous les secrets de tes œuvres ;
La Bible nous parle dans les langues des humains, alors que ta parole est inspirée ;
Ouvre-nous notre cœur, pour croire et accepter que Tu es le seul Dieu Créateur de toute chose ;
Réponds-nous aussi comme Tu avais répondu à Moïse qui allait vers les enfants d'Israël s'ils lui demandaient ton nom. Tu lui dis : qu'il leur dirait… JE SUIS PARCE QUE JE SUIS ou JE SUIS QUI JE SUIS… (Exode 3 : 1).
Et comme Jésus répondit à ce père d'un enfant épileptique en ces termes : Ce ''si tu peux '' ! Lui dit Jésus. Tout est possible à celui qui croit'. Aussitôt le père de l'enfant s'écria :''Je crois ! Viens en aide à mon manque de foi'' (Marc 9 :23-24). Amen.
CANTIQUE N° 11 kiswahili.

Ninafikili Mungu Baba. N°11 (Swahili) Communauté Frère en Christ Gareganze B.P. 1769 Lubumbashi « Nyimbo za Mungu ».

A L'EGARD DES STERILES.

I. QUELQUES PASSAGES OU TEXTES DE REFERENCE.

- Sarah enfanta Isaac Genèse 21 :1-7 ;
- Anne eut le fils Samuel 1 Samuel 1 :6-20 ;
- Sippora, Léa, Rachel, Bilha eurent successivement des enfants Genèse 29 : 31-35 ; 30 :1-24.
- Zacharie et Elisabeth eurent un enfant Luc 1 :18-25
- La sounamite conçut et enfanta un fils 2 Rois 4 :14-17.
- Naissance d'Ismaël : Genèse 16 :2
- Dieu ouvrit le sein de Rachel : 30 : 23,

II. TEXTE D'ILLUSTRATION OU D'EXPOSÉE. Genèse 1 : 7.

Yahwèh visita Sara, comme il avait dit ; Yahwèh fit pour Sara ce qu'IL avait promis. Sara conçut et enfanta à Abraham un fils dans sa vieillesse, à la date marquée par Dieu. Abraham donna au fils qui lui était né, Sara lui avait enfanté, le nom d'Isaac. Et Abraham circoncit Isaac, son fils, à l'âge de huit jours, comme Dieu le lui avait ordonné. Abraham avait cent ans à la naissance d'Isaac, son fils. Et Sara dit : ''Dieu m'a donné de quoi rire ; quiconque l'apprendra rira à mon sujet. Elle ajouta :''Qui eût dit à Abraham ; Sara allaitera des enfants ? Et j'ai donné un fils à sa vieillesse''.

III. QUELQUES QUESTIONS DE MEDITATION ET DE REFLEXION.

Avoir des enfants est une promesse ou une bénédiction de Dieu ?
Y –a-t-il des conditions pour avoir des enfants devant Dieu ? Lesquelles ?
Quel mal y-a-t-il à manquer des enfants ?
Quel bonheur y- a-t-il à avoir des enfants ?
N'avoir pas d'enfants est un péché ?
Combien d'enfants faut-il avoir ? Tous garçons, toutes filles ou garçons et filles ?
Lorsqu'on n'a pas ses enfants propres, faut –il se réjouir des autres ? (Amis, frères, sœurs ou des voisins)
Avoir ou ne pas avoir d'enfants cela nous prive toutes les possibilités de vivre heureux ?
Y –a-t-il toujours un intérêt ou parfois à se plaindre dans les enfants ?
Lorsqu'on est marié ensemble et qu'on n'arrive pas à avoir des enfants ; faut-il se séparer ou divorcer ?
Plus souvent qui est accusé de stérile ? Cela est vrai ?
Lorsqu'on est ami, parent ou quelqu'un de n'importe quelle relation faut-il dire à l'autre de divorcer lorsqu'on manque un enfant dans le foyer ?

IV. COMMENTAIRE EN GUISE DE CONCLUSION.

Lorsque nous lisons Genèse 1 :28 ; Dieu bénit l'homme et la femme Il dit : soyez féconds, multipliez, remplissez la terre et soumettez-la... Quand nous poussons le regard un peu loin de ce même livre de Genèse 3 :16, Dieu maudit la femme : j'aggraverai le travail de ta grossesse ; tu enfanteras des fils dans la douleur... Dieu bénit premièrement pour avoir des enfants, de se multiplier et remplir la terre... ; puis Dieu maudit la femme d'avoir des enfants et enfanter dans la douleur. C'est supposer ou croire vrai que Dieu a bénit l'homme et la femme à être féconds, se multiplier et remplir la terre quand l'homme jouissait encore des privilégies d'un homme créé à l'image de Dieu et sans péché.

Il les maudit à cause de la transgression de l'homme et de la femme tombés dans le péché dont le diable est accusé d'avoir trompé la femme... Alors ils sont séparés de l'amour, de la bonté et de la grâce de Dieu. Pour être féconds, se multiplier et remplir la terre ; Dieu les bénit tous deux. Donc ni femme ni l'homme personne n'est stérile. Mais pour enfanter Dieu maudit la femme seule comme si enfanter serait le problème de la femme seule, l'homme en est exempté pour pâtir les souffrances. Qu'en est-t-il pour l'homme de cette malédiction infligée à la femme concernant la douleur d'enfanter ? Or, toutes les malédictions proférées à l'homme, la femme les subit. Exemples : mourir, manger par un travail pénible, la malédiction du sol... Etre féconds, se multiplier et remplir la terre qui résulteraient d'avoir des enfants ; l'homme n'en a pas la part de contribution tant qu'il n'en n'a pas subi la malédiction ? Et pourtant, pour être fécond ou concevoir pour une femme ; c'est l'acte conjugal qui intervient !

A quel âge maximum une femme peut –elle concevoir et un homme peut –il engrosser ? Ça dépend. De fois c'est précoce chez certains avant l'âge normal. Mais l'âge limite pour une femme varie de 45 ans au plus pour n'avoir plus d'enfants : c'est la ménopause. Pour l'homme, l'âge pour engrosser n'est pas limité au-delà de l'âge de majeur.

Qu'en arrive-t-il chez certaines femmes qui ne conçoivent pas à l'âge normal ou même pas du tout durant toute leur vie ? Plus encore au contraire ; elles peuvent concevoir à l'âge au-delà de ménopause ? Et d'autant plus, certains hommes n'arrivent pas à engrosser durant toute leur vie ? Dieu avait-il disposé différemment les choses à l'intérieur de l'homme et de la femme de telle sorte que certaines femmes soient fertiles et d'autres non et de la même sorte que chez certains hommes ? Appelées choses à l'intérieur; car ni la Bible ni Adam n'ont pas nommé ou cité les entrailles que la science précisément la gynécologie et la biologie font une encyclopédie des vocabulaires, fonctionnement, disposition, qualité et défaut de ce qui peut être la cause de stérilité ou de fécondité. On parle de : sperme, spermatozoïdes, chromosomes pairs ou impairs, ovules, ovaires, trompes, hormones, A.D.N. des croisements xy, xx et de que sais-je encore dont il n'est pas besoin de définir ici. Tout ceci, j'espère, Dieu les a

justement, équitablement, et efficacement placés à l'intérieur d'un chacun et d'une chacune pour ne pas parler de stériles ou de fécondité !
Sinon, il y a des stériles innés non dépendamment de leur volonté mais de Dieu Lui-même Maître et Créateur de toutes choses. On naît stérile ou on le devient ? Naître stérile, c'est là que l'on se pose la question de savoir si cela est la volonté de Dieu ?
Devenir stérile cela est possible pour autant des causes :

- les maladies sexuellement transmissibles ;
- refus volontaire d'avoir des enfants. Tel est le cas de ceux-là qui jettent les enfants.
- la sorcellerie et les fétiches chez les africains ;
- les avortements répétés.

Socialement, la stérilité affecte beaucoup de personnes, couples et fait l'opprobre.
A n'importe quel âge, pour n'importe quelle cause ; Dieu en tant qu'Omnipotent peut donner des enfants comme une grâce ou bénédictions, consolation et pour besoin de Lui servir. Rien ne sert à courir à gauche ou à droite ou tourner le monde sans fonder son espoir sur Dieu, Lui servir, L'obéir et mettre en pratiques ses préceptes et commandements cela peut être la source de bénédiction de Dieu pour avoir des enfants. Tel était le cas d'Abram qui devint Abraham.
Evidemment ceci n'exclut pas des démarches et intervention gynécologiques dans certains cas des complications.
De nos jours, Dieu continue à opérer des miracles en bénissant certains couples, hommes et femmes à avoir des enfants. Les exemples sont nombreux qu'il ne suffirait pas à donner ici. Un exemple en cas d'espèce. J'avais une cousine stérile de nombreuses années. Son mari était chef d'une troupe des guerriers qui pratiquaient de la magie et du fétiche qu'on voulait mettre sous la responsabilité et garde de celle-ci. Parce qu'elle était chrétienne, elle avait marqué son refus catégorique au risque de sa vie quelle que soit la menace de la mort. Après la mort de son mari ; elle était prise en mariage par autre mari plus vieux et âgé d'environ 70 ans. Dieu aidant, ils ont eu deux fois des jumeaux et des jumelles. Gloire à Dieu Tout- puissant.[13] Sara dit : DIEU M'A DONNE DE QUOI RIRE ; QUICONQUE L'APPRENDRA RIRA A MON SUJET. ELLE AJOUTA :''QUI EUT DIT A ABRAHAM ; SARA ALLAITERA DES ENFANTS ? ET J'AI DONNE UN ENFANT A SA VIEILLESSE. (Genèse 21 :6-7)

V. INVOCATION ET LOUANGE.

- Yahwèh, l'Eternel, Tu as béni l'homme d'être fécond, multiplier et remplir la terre ;
- Tu n'en n'as pas fait exception de personne ;
- Quand Tu as béni ; Tu les as bénis tous deux : homme et femme ;
- Qu'en arrive-t-il aujourd'hui ;
- Certaines personnes sont stériles, d'autres sont fécondes ;

[13] La cousine ILUNGA KALUKA Stamili, eut des enfants à sa vieillesse.

- Y a-t-il à déplorer pour les stériles devant ta face ?
- Y a-t-il eu une erreur ou ta volonté dans la création ?
- Tu es infaillible, juste, plein d'amour et de pitié ;
- Tu as manifesté et Tu manifestes ta bonté, miséricorde et ton amour à ceux qui tes sont obéissants, fondant leur espérance en Toi ;
- Par ta puissance, ta grâce, ta consolation et ta bonté ouvre les entrailles de ceux qui manquent des enfants ;
- Sèches les joues de ceux qui pleurent ;
- Fais disparaître l'opprobre de ceux qui sont humiliés et confondes les moqueurs des stériles.

RETENONS : 1 Samuel : 1 : 9-20.
Luc : 1 : 18-25.
Genèse : 21 : 1- 7.

PRIERE :

- Tu es Merveilleux Seigneur ;
- Ton amour ne s'endort pas ;
- Tu pourvois au besoin de ceux-là qui cherchent ta face ; placent et fondent leur espérance en Toi ;
- Tu as fait concevoir la Vierge Marie par la puissance de ton Saint-Esprit ;
- Tu es Omnipotent. Amen

CANTIQUE : N° 139 Kiluba: Tela dijina dya Yesu, abe kimonya malwa…
- S. S. 91.

POUR LES MALADES.

II. QUELQUES PASSAGES DE REFERENCE

- Naman guéri de la lèpre : 2 Rois 5 : 1-14 ; Luc 4 :27.
- L'hémorroïsse guérie : Matthieu : 9 :20 -22.
- Une femme voûtée depuis 18 ans : Luc 13 :11-13.
- Un boiteux depuis 38 ans : Jean 5 :2 -23.
- Un démoniaque muet : Luc 11 : 14 -20.
- Le paralytique de Capharnaüm : Marc 2 :5''
- Le serviteur d'un centenier : Matthieu 8 : 5-13 ; Luc : 7 :1-10.
- La belle-mère de Pierre : Matthieu 8 : 14,15 ;
- Un paralytique : Mattieu 9 :2-7 ; Marc 2 :3-7.
- L'homme à la main sèche : Matthieu 12 : 10- 13.
- Un démoniaque aveugle et muet : Matthieu 12 : 22 ; Luc 11 :14.
- Ceux qui touchèrent son vêtement : Matthieu 14 :36 ; Marc 5 : 25-34 ; Luc 8 :43-48.
- Dix lépreux : Luc 17 :11-19.
- Un aveugle- né : Jean 9 :1-41.
- Marie sœur de Moïse : Nombre 12 : 10-15.
- Le Roi Ezéchias : 2 Rois 20 :1-11 ; Esaïe 38 :1-9

II. TEXTE D'ILLUSTRATION OU D'EXPOSEE. Esaïe 38 :1-8.

En ce temps – là, Ezéchias fut malade à mort. Le prophète Isaïe, fils d'Amos, vint le trouver et lui dit :'' Ainsi dit Yahwèh : Prends tes dispositions pour ta maison, car tu vas mourir, et tu ne guériras pas. Ezéchias tourna la tête vers le mur et pria Yahwèh ; il dit :''Ah ! Yahwèh, souviens- toi que j'ai marché devant toi avec fidélité et de tout cœur, et que j'ai fait ce qui est bien à tes yeux'' ! Et Ezéchias versa des larmes abondantes. Et la parole de Yahwèh fut adressée à Isaïe en ces termes :''Va, et dit à Ezéchias :Ainsi dit Yahwèh , le Dieu de David, ton père : J'ai entendu ta prière ,j'ai vu tes larmes ;voici que j'ajouterai à tes jours quinze années .Je te délivrerai ,toi et cette ville , de la main du roi d'Assyrie ; je protégerai cette ville .Et voici le signe que te donne Yahwèh, que Yahwèh accomplira la parole qu'il a dite :Voici que je vais faire reculer en arrière l'ombre des degrés qu'elle a descendus sur les degrés d'Achaz de dix degrés sur les degrés qu'il avait descendus. Ecrit Ezéchias, roi de Juda, lorsqu'il fut malade et qu'il guérit de sa maladie… Yahwèh, viens me sauver ! Nous ferons résonner (les cordes de) ma harpe, tous les jours de notre vie, devant la maison de Yahwèh. (Isaïe 38 : 20).

III. QUELQUES QUESTIOS DE MEDITATION ET REFLEXION.

1. Qui pouvons-nous appeler malade ?
2. Toute maladie se soigne et guérit de la même manière ?
3. Y a-t-il combien des sortes de maladies que l'homme peut souffrir ?
4. Qui est capable de soigner toutes les sortes des maladies ; de quelle manière et à quel prix ?
5. Qui est le plus grand médecin ; quel est son prix ?
6. A –t-il un hôpital, allait –il chercher les malades, ou on les lui amenait ? Ce grand Médecin.
7. Que faisons – nous avec nos frères malades à la maison ou à l'hôpital ?
8. Tu es malade depuis combien d'années ?
9. As – tu déjà compris l'histoire de Jésus comme grand guérisseur ?
10. As –tu un empêchement de venir à Jésus ; lequel ?
11. Si oui, de quelle manière viens-tu à Lui ?
12. As-tu déjà rencontré un échec de traitement quelle part à cause de manque d'argent, de ceux qui peuvent te garder ? etc.
13. Quelle est ta dernière espérance ?

IV. COMMENTAIRES ENGUISE DE CONCLUSION.

D'où proviennent des maladies ? De Dieu, des hommes ou de Satan ?
Selon la Bible quelque part après avoir consulté notre petite concordance' NOUVEL INDEX BIBLIQUE'' page 135 sur la maladie ; on nous donne toute une liste des maladies que Dieu inflige à son peuple en différents cas comme châtiments :
Lévitique 26 :14-16.
Deutéronome 28 :15, 27, 28,60 ;
2 Samuel 12 :15
2 Chroniques 21 :6, 15, 18,19 ; 26 :21 ;
Nombre 12 :10 ;
2 Rois 5 :27.
Il y a d'autre part des maladies infligées par Satan :

- Job 2 :6 ;
- Luc 13 :16.
- Il y a aussi la possession démoniaque :
- Marc 9 :17,18 ;
- Luc 9 :38-43 ; 11 :14 ;
- Matthieu 12 :22.
- Scientifiquement, la médecine classe de différentes maladies selon leurs causes :
- les maladies bactériennes : ex la fièvre typhoïde, la tuberculose.

- les maladies parasitaires : ex la verminose, l'amibiase.
- les maladies virales : ex le rhume, la poliomyélite (Paralysie flasque aigue), le VIH/SIDA.
- les maladies sexuellement transmissibles, (I.S.T), les infections sexuellement transmissibles : ex la Syphilis, la blennorragie, le VIH/SIDA.
- les maladies des mains sales : ex le choléra, la diarrhée, la fièvre typhoïde.
- les infections : Respirations aiguës ; Gaston-altérite aiguë.[14]

Il y a lieu d'allonger la liste.

Le corps humain est susceptible d'être attaqué par plusieurs maladies provoquées par les différentes causes ci-haut données. Des inflammations, douleurs, et infirmités. Pas seulement cela : les soucis, les regrets, beaucoup de pensées et beaucoup de problèmes sans solution. Des tiraillements, être mal à l'aise, manque de respect des conditions sous lesquelles on est placé par l'agent soignant etc....

On est malade lorsque quelqu'un souffre d'une indisposition du corps, psychologique ou psychique.

Toutes les maladies ne sont pas soignées de la même manière. Certaines maladies sont mal soignées ou échouées à cause de : mauvais diagnostic et une anamnèse mal posée et orientée, inefficacité des produits, incompétence de l'agent soignant, retard de malade de se présenter à temps aux soins, négligence du personnel soignant ou le mauvais encadrement par les partenaires et parfois par manque d'argent etc....

Il y en a qui demandent et nécessitent d'un traitement chimiothérapique, traditionnel, cure d'âme par un Pasteur soit par un psychiatre ou un psychologue. Pour être guéri ; nous avons confiance ou faisons recours aux médecins modernes ou traditionnels ?

Ces Médecins modernes et Guérisseurs traditionnels ; ont chacun sa spécialité, moyennant quelque chose : argent, cadeaux, ou d'autres choses pour les soins. Mais il y a un Grand Médecin, NOTRE DIEU QUI, au nom de son fils Jésus-Christ peut tout guérir ; il ne demande ni or ni argent ni cadeau mais seulement par la foi et la soumission à sa volonté. Il n'a pas l'hôpital en battisse. Les hommes construisent des Dispensaires, Centres de Santé, hôpitaux, Cliniques et Polycliniques ; les tous équipés de matériels spécifiques et appropriés et avec des spécialistes dans les différents domaines : gynécologues, dentistes, ophtalmologues, chirurgiens, neurologues, cardiologues, pédiatres etc. Mais lui reçoit tout celui qui vient chez lui ; qui le cherche ou celui qu'on lui amène. Des fois lui-même a compassion pour celui qui mérite de sa grâce. TOUT EST POSSIBLE A CELUI QUI CROIT... (Marc 9 : 23).

Nous avons des frères, sœurs, amis, parents, femme, mari, enfants et autres qui souffrent dans nos maisons ; familles et églises de différentes maladies parfois qui durent de longues années sans être guéries peut-être par manque d'argent, soutiens, assistance ou parce que la maladie est très difficile à soigner tel que le VIH/SIDA par exemple. Mais Jésus nous appelle d'aller chez Lui avec courage et foi. Jésus dit : ''Venez à moi vous tous qui êtes fatigués et chargés je vous donnerai du repos. On Lui amenait grand nombre des malades qu'Il soignait de différentes manières.

[14] Mlle KAHOLE wa Ntambo Nacy, finaliste GIII, santé publique à l'Université de Kamina(UNIKAM).

Après la guérison Naman dit :''VOICI DONC QUE JE SAIS QU'IL N'Y A PAS DE DIEU SUR TOUTE LA TERRE, SI CE N'EST EN ISRAEL''.

V. INVOCATION ET LOUANGE.

- Grand Dieu, Tu as manifesté et Tu manifeste ta puissance de guérir de différents malades et Te fais connaître que Tu es Dieu de guérison ;
- Beaucoup ne connaissent pas encore que Tu es Dieu des miracles, et Dieu Omnipotent ;
- Ils cherchent par leurs voies et moyens à sauver leur santé ;
- Pourtant ; Toi Tu ne demandes ni argent ni or ; mais seulement foi, confiance et fidélité ;
- Ton Fils - Christ, on Lui amenait beaucoup de malades et nul ne rentrait sans solution ;
- Tu conférais ta puissance de guérison aux prophètes et aux apôtres.
- Révèles Toi, manifeste Toi et réponds aux supplications de ceux qui implorent et cherchent ta face dans la souffrance !

RETENONS : Esaïe 38 :1-8 ;
2 Rois 5 :15…
Matthieu 9 : 22.

PRIERE : Ecrit Ezéchias après sa guérison : lire Esaïe 38 :9-21.

CANTIQUE : No 201 Kiluba : Ňanga Mukata udiko ; Dijina dyandi Yesu…
- S. S. 89

EN CAS DE VOYAGE.

I. QUELQUES PASSAGES ET TEXTES DE REFERENCE.

- Et il m'a dit : Yahwèh, devant qui je marche, enverra son ange avec toi et fera réussir ton voyage afin que tu prennes pour mon fils une femme de ma parenté et de la maison de mon père : Genèse 24 :40.
- Et Jacob fit un vœu en disant : ''Si Dieu est avec moi et me garde dans ce voyage que je fais ; s'il me donne du pain à manger et des habits pour me vêtir, et si je rentre en paix à la maison de mon père, Yahwèh sera mon Dieu. Cette pierre dont j'ai fait une pierre dressée sera une maison de Dieu, et tout ce que tu donneras, je t'en verserai la dîme. Genèse : 28 :20.
- Dieu dit à Jacob :'' Lèves-toi, monte à Béthel et demeures-y et dresses là un autel au Dieu qui t'est apparu quand tu fuyais devant Esaü, ton frère''.Jacob dit à sa maison et à tous ceux qui étaient avec lui :''Rejetez les dieux de l'étranger qui sont au milieu de vous ; purifiez-vous et changez des vêtements. Nous allons monter à Béthel, et là je dresserai un autel au Dieu qui m'a exaucé au jour de mon angoisse, et qui a été avec moi dans le voyage que j'ai fait. Genèse : 35 : 3sss.

- De Césarée à Malte : Actes 27 :1-44. :
- La tempête apaisée : Matthieu 8 :23-26 ; Marc 4 :35-41 ; Luc 8 :22-24.
- Apparition de ressuscité aux disciples d'Emmaüs : Luc 24 :13-35.
- Exode : 15 :22-27 ; 16 :3-18 ; 17 :1-7.
- L'Eternel est mon Berger : Psaume 23 :1-6.
- Voyage des Israélites d'Egypte en Canaan Exode : 12 :37 ; 13 :20-22 ; 14 :2 ; 15 :23, 27 ; 16 :1 ; 17 :1 ; Nombre 10 :11-28,33-36 ; 33 :1-49 ; Jos 3.

II. TEXTE D'ILLUSTRATION OU D'EXPOSE. GENESE 35 :3SSS.

Dieu dit à Jacob :''Lèves-toi, monte à Béthel et demeures-y et dresses là un autel au Dieu qui t'est apparu quand tu fuyais devant Esaü, ton frère ''. Jacob dit à sa maison et à tous ceux étaient avec lui :''Rejetez les dieux de l'étranger qui sont au milieu de vous ; purifiez- vous et changez des vêtements. Nous allons monter à Béthel, et là je dresserai un autel au Dieu qui m'a exaucé au jour de mon angoisse, et qui a été avec moi dans le voyage que j'ai fait.

III. QUELQUES QUESTIONS DE MEDITATION ET REFLEXION.

- Avez-vous déjà effectué un long voyage ?
- Par quels moyens ?
- Quel épisode vous pouvez en faire ?

- Vous étiez en compagnie ou seul ?
- Au cours de ce voyage quels sont de grands problèmes et difficultés avez-vous rencontrés ?
- Quels ont été les sujets de conversation et des débats au cours de ce voyage ?
- C'était un voyage bien préparé et assuré du point de vue :
    - Logement,
    - Nourriture,
- Éventuellement en cas de danger, des accidents, et des pannes,
- De quel sentiment êtes-vous animé en cas des dangers ou des accidents quand vous êtes seul ou en compagnie ?
- De quelle compagnie préférez-vous avoir?
- Lorsque vous rencontrez des difficultés ou des accidents qui pensez-vous en être responsable ?
- Lorsque vous voyagez, vous vous remettez entre les mains de qui pour guide et protecteur ?
- Dieu a à intervenir ou est déjà intervenu dans votre voyage ; en quel cas, et de quelle manière ?

IV. COMMENTAIRES EN GUISE DE CONCLUSION.

C'est convaincu que pour une raison ou pour une autre, pour tout besoin ou pour toute autre cause quelconque ; l'homme doit nécessairement se déplacer pour une longue ou courte distance :''Il voyage''.

En cours de voyage, on rencontre beaucoup de difficultés et de grands problèmes. A savoir :

Crash des avions surtout lors des décollages et atterrissages, naufrage des bateaux et navires, vols, faire connaissance d'autres personnes, faim, tomber avec des motos ou vélos, disputes et cafouillage des places, pannes, fatigues, soif, maladies, déraillements des trains, dialogues, découvertes et même la mort. Les quelques cas des accidents peuvent être :pannes techniques de l'appareil utilisé, manque d'entretien avant d'utiliser l'appareil, excès de vitesse, mauvais chargement, mauvais stationnement, l'ivresse lorsqu'on conduit, mauvais état de la voie empruntée, la mélancolie du conducteur causée par l'équipage ou par son chef, imprévoyance et imprudence en des endroits dangereux, ignorance et négligence du non-respect des règlements du code de roulage, chauffeur distrait au volant par des paroles etc…

Pour voyager, on emprunte et utilise des moyens différents des déplacements : à pieds, à vélos, par motos, par véhicules, par avions, par bateaux, navires ; la pirogue à pieds et par que sais-je encore ! Chaque moyen a ses risques et ses avantages.

Chaque voyage en son parcours ne manque pas d'événements qui le marquent comme établis ci-haut.

Souvent et dans la plupart des cas ; il arrive de voyager seul ou en compagnie. A voyager seul, certains sentiments et idées nous animent et nous arrivent dans l'imagination : ''on est monologue''. En compagnie, on se change d'idées, on cause, on discute, on ouvre des débats sur des sujets différents aboutissant à de bonnes conclusions, informations, disputes ou en dérisoires.

Tout voyage ou déplacement tant préparé qu'improvisé ne manque pas d'imprévus et expose le voyageur aux multiples besoins nécessitant d'aides, d'interventions, d'assistance et secours tant matériels, moraux et financiers.

Avant de voyager dans une mission quelconque, il est des fois qu'on fait des promesses, des vœux, on prie, ou l'on s'en va tout simplement comptant sur soi-même pour toute éventualité. En tant que Chrétien, homme de Dieu ; qu'est-ce que vous formulez comme vœux de voyage ; sur qui vous comptez ? Qui prétendez-vous être votre compagnon étant seul ou en compagnie ? En qui placez-vous votre confiance et espoir pour obtenir quelque chose en cas de besoins ou pour tout autre fléau possible ? Qui est votre sujet de joie en cas de réussite de votre voyage ? De qui vient votre sécurité et protection ? Se retrouvant seul ou en compagnie devant un danger ; on se sent déséquilibré ou épris d'émotions. Alors on a une réaction affreuse. C'est ainsi que lorsqu'on se trouve devant une situation difficile, on rencontre des malheurs ; on suppose et croit être envoûté, jeté d'un mauvais sort et finalement on accuse les autres d'être auteurs ou porteurs de malheurs. Finalement, on perd tout courage et manque de position. Voir le cas de Jonas dans le bateau (Jonas 1 :7)

Le Dieu Tout-puissant, intervient dans les problèmes de ses hommes, Il prévoit à leurs besoins, Il fait réussir notre voyage (Genèse 24 :40 ; Actes 27 :23-26) En la personne de Jésus-Christ, il est notre compagnon que l'on ne se rend pas compte de sa présence parmi nous. (Luc 24 :13-16).

Israël lors de sa sortie d'Egypte sous la conduite de Moïse ; Dieu s'occupait de son peuple (Exode 15 :22-23 ; 16 :13-18 ; 17 :1-7.IL M'A DIT : YAHWEH, DEVANT QUI JE MARCHE, ENVERRA SON ANGE AVEC TOI ET FERA REUSSIR TON VOYAGE…. (Genèse 24 : 40).

V. INVOCATION ET LOUANGE

L'Eternel est mon Berger, je ne manquerai de rien ;(Psaume 23 :1)
Apprends-moi à marcher sur tes voies droites ;
Quand faiblit mon courage que ferai-je sans toi? (Cantique no 184 Sur les Ailes de la Foi)
Donnes-moi la soif de Ta présence ;
Ne m'abandonne pas marcher seul sur cette terre au risque de ma vie ;
Affermisses mes pas, conduis –moi, sécurises mes moyens de bord ;
Protèges-moi contre toute attaques des ennemis ;
Sois au-devant dans mes sentiers pour me prévenir de tout mal et de tout danger imprévisible.

Fais-moi réussir mon voyage.

RETENONS : Psaumes 23 : 1-6.
Genèse 28 : 20-21.
Luc 24 : 13-35.

PRIERE : Dieu, tout au long de mon voyage ; Sois avec moi au départ, en cours de voyage et fais-moi arriver au bout de mon chemin. En voyage ; j'ai faim ; soif ; sans logis et exposé à toute sorte des dangers et risques. Lorsque Tu es avec moi je n'ai peur de rien. Avec Christ le compagnon silencieux et invisible, je fonde toute ma sécurité en Toi. Amen

CANTIQUE : - N°110 Witwedeje Mukumbi Wa lusa ku madyo ne ku mema adi Nya…
- S. S. 533

PAR SES RECOMPENCES.

I. QUELQUES PASSAGES OU TEXTES DE REFERENCE.

- Une veuve nourrit Elysée : 1 Rois 17 :7-24.
- Dorcas pour ses œuvres : Actes 9 :36-41.
- L'affaire du centurion Corneille : Actes 10 :1-5, 22,34-36.
- Rhâb cacha les espions : Josué 2 :1-24.
- La sentence : Matthieu : 25 :31-46.
- Promise à Abram Genèse 15 :1.
- Promise à Ruth Ruth 2 :12.
- Qui observe les jugements de Dieu : Psaume 19 :10-12.
- Qui sème la justice Proverbes 11 :18.
- Qui cherche Dieu Hébreux 11 :6.
- Qui ont de l'assurance Hébreux 10 :35.
- Qui sont hospitaliers Matthieu 10 :41-42.
- Qui annoncent l'évangile 1Corinthiens 9 :16-17.
- Aux justes Psaume 58-12 ; Prov 25 :22 ; Esaïe 61 :8 ; Luc 6 :35-36.
- Aux persécutés injustement Matthieu 5 : 11-12.
- Accordée selon son travail 1Corinthiens 3 :8 ; Colossiens 3 :23-24 ; 2 Jean 8 ; Apocalypse 22 :12.
- Perdues dans certains cas Matthieu 6 :7 ; 1 Corinthiens 3 :15 ; Colossiens 2 :18

II. TEXTE D'ILLUSTRATION OU D'EXPOSE. Colossiens 3 :23-24.

Quoi que vous ayez à faire, faites-le de toute votre âme, comme pour le Seigneur et non pour des hommes : vous savez qu'en récompense vous recevrez du Seigneur l'héritage (promis). Servez le Seigneur Christ.

III. QUELQUES QUESTIONS DE MEDITATION ET REFLEXION.

- En quoi consistent de bonnes œuvres ?
- Toutes les bonnes œuvres de l'homme sont –elles issues de sa propre volonté ou suscitées par l'amour de Dieu ou de son intervention ?
- Qui ont droit ou bénéficiaires de bonnes œuvres ?
- I l y a-t-il des moments opportuns ou occasionnels pour faire de bonnes œuvres par un chrétien ?
- Quelles œuvres de la générosité auxquelles vous êtes familier de faire souvent et qu'en avez-vous bénéficié ?
- Faites –vous de bonnes œuvres pour un intérêt visé ou pour la gloire de Dieu ?

- Dieu a-t-IL égard aux bonnes œuvres des hommes ?
- Toutes les bonnes œuvres sont favorables et agréables à Dieu pour les accepter ?
- Avez-vous un témoignage d'un travail ou d'une bonne œuvre que Dieu vous a déjà récompensé ? Par quoi ou de quelle manière ?
- Dans la vie pratique ; faut-il mourir ou être condamné pour de bonnes œuvres au profit des autres ?
- Il peut y avoir de bonnes ou de mauvaises conséquences dans l'accomplissement de bonnes œuvres ?
- Que faut –il faire pour mériter la récompense de Dieu ? Ou Dieu récompense n'importe qui IL fait grâce ?

IV. COMMENTAIRES EN GUISE DE CONCLUSION

L'homme créé à l'image de Dieu, fut placé dans le jardin d'Eden où tout était à sa portée. A cause de sa transgression ; Dieu lui priva de toutes les possibilités de jouir gratuitement à manger sans peine ; car IL maudit le sol et l'homme à vivre de la sueur de son front.

Ainsi, pour vivre ; l'homme doit peiner et n'a pas tout le nécessaire pour vivre facilement. Il connaît des manquements pour la survie. Il ne peut rien se suffire lui-même. Il est donc besoin de l'assistance des autres par les actes de bienveillance, les travaux de bonnes œuvres et de bienfaits pour se compléter.

C'est-à-dire tout acte ou bienfait pour aider celui qui est dans le besoin est une bonne œuvre. Plus souvent; il arrive d'ouvrir ou de fermer le cœur aux nécessiteux. Sont soient l'endurcissement et la fermeture du cœur ou une disposition diabolique ou cette tendresse pour accomplir une bonne œuvre ?

Mais Dieu suscite ses hommes à la générosité, à l'amour pour le prochain.

Comme nul ne peut se suffire à ses besoins quotidiens, tout le monde a besoin d'une assistance mutuelle, chacun pour l'autre suivant des circonstances. Mais il est une obligation, un devoir tant social que biblique de prendre en charge des veuves, des orphelins, des personnes physiquement vulnérables, des étrangers, pauvres spirituellement. C'est pourquoi il est notre devoir de poser toujours de bonnes œuvres et bienfaits pour mériter des récompenses de la part de notre Dieu. Etant donné que nous avons beaucoup de nécessiteux à assister ; nos bienfaits ne sont pas limités ; qu'on en tire profit ou pas ; mais que cela soit fait pour la gloire de Dieu le Seul rémunérateur sans retour. Comptez combien de récompenses que vous avez déjà eues, que les autres ont déjà eues, vous en êtes témoin vous-même.

Dieu a plus d'égards aux bonnes œuvres des hommes ; IL les recommande surtout pour les démunis … Car c'est de cette façon qu'IL pourvoit aux nécessiteux qui sont tous ses créatures. C'est pour cela que tout celui qui fait de bonnes œuvres lui est agréable. Mais peut –il y avoir des dangers, mauvaises conséquences, et tentations qui nous guettent et nous attirent des malheurs lorsque nous accomplissons de bonnes œuvres ? Parfois oui, car ; l'homme est toujours l'homme sans reconnaissance.

Notre Dieu ne récompense pas seulement les bienfaits matériels mais aussi spirituels et la conciliation pour la paix…''DIEU NE FAIT PAS ACCEPTION DE PERSONNE, MAIS DANS TOUTE NATION, CELUI QUI LE CRAINT ET PRATIQUE LA JUSTICE DANS SES ŒUVRES LUI EST AGREABLE'' (Actes 10 :34-35)

V. INVOCATION ET LOUANGE

- Notre Dieu, Tu connais et Tu te souviens de ta créature,
- Tu ne restes avec aucune dette de tout celui qui fait du bien pour ta gloire ;
- Tu payes à chacun son salaire selon son travail ;
- Ouvres –nous des oreilles pour entendre les cris des nécessiteux, des vulnérables et les opprimés ;
- Ouvre-nous les yeux pour voir ceux qui sont dans les besoins sans aucuns soutiens matériels, spirituels, économiques et sociaux.
- Adoucis nos cœurs pour être sensibles à la souffrance de ta créature ;
- Tes récompenses vengent le mal et payent la justice ;
- Apprends-nous plus à donner qu'à recevoir.

RETENONS : Matthieu 25 :31-46.
Actes 10 : 1-5, 22,34-36.
1 Rois 17 : 7-24.

PRIERE : Dieu notre père, ta bonté dure à toujours ;
Tu pourvois aux besoins de bons et de mauvais ;
Il t'est agréable celui qui te craint et pratique la justice ;
Tes paroles sont accomplies selon ta promesse ;
Tes récompenses vont tout droit à ceux qui mettent en pratique ta recommandation et font ta volonté.

CANTIQUE: N° 250 Kokampita Umpandiji (SS)
- S.S. 488

PAR SA DELIVRANCE POUR CEUX QUI LUI SONT : SOUMIS, OBEISSANTS, FIDELES ET ENDURANTS.

I. QUELQUES PASSAGES OU TEXTES DE REFERENCE.

- Epreuve de Job : Job 1 :1-2 :13.
- La réponse de l'Eternel à Job : Job 38 à 41.
- Daniel dans la fosse aux lions : Daniel 6 :1-29.
- Meschac, Abdenego et Schadrac ; leur foi mise en épreuve Daniel : 3 :8-18.
- Leur délivrance : Daniel 3 : 19- 30.
- Abram accepte de quitter son pays : Genèse 12 :1-7 ; Genèse 15.
- L'alliance et les préceptes Noachiques : 9 :1-17.
- La vie éternelle à quiconque croit Jean 3 :16-18.
- Abram délivre Lot : Genèse 14 :14-16.
- De Joseph : Genèse 41 :14-40.
- Des apôtres : Actes 5 : 17-42 ; de Pierre Actes 12 :3-17 ; de Paul Actes 16 :25-40 ; 2 Timothée : 4 :17-18.
- Des délivrances opérées par Jésus- Christ : Esaïe 61 :1 ; Luc 4 :19 ; 1 Thessaloniciens 1 :10 ; Hébreux 2 :14 -15 ; Apocalypse 1 :5-6 ; Psaumes 32 :7 ; 68 :21 ; Luc 21 :28.

II. LE PASSAGE D'ILLUSTRATION OU D'EXPOSE. Daniel 6 :17,21-24.

Alors Le roi donna l'ordre d'amener Daniel et de le jeter dans la fosse aux lions. Le roi prit la parole et dit à Daniel :''Ton Dieu, que tu sers constamment, te délivrera lui- même ''……Puis Le roi se leva à l'aurore, au point du jour, et se rendit en toute hâte à la fosse aux lions. Quand il fut arrivé à la fosse, il appela Daniel d'une voix triste ; le roi prit la parole et dit à Daniel :''Daniel, serviteur du Dieu vivant, ton Dieu que tu sers constamment a-t-il pu te délivrer des lions ? Alors Daniel parla avec le roi :''O roi, vis éternellement. Mon Dieu a envoyé son ange et fermé la gueule des lions, qui ne m'ont fait aucun mal parce qu'il m'a trouvé juste ; et contre toi non plus, ô roi, je n'ai commis aucun crime.' Alors le roi fut tout heureux à son sujet, et il ordonna de retirer Daniel de la fosse.

III. QUELQUES QUESTIONS DE MEDITATION ET REFLEXION

- Quelle mission as-tu reçue de ton Dieu ?
- De quelle manière et dans quelle condition tu la remplis ?
- Devant qui tu en rends témoignage ?

- Dans la Bible de qui t'inspires toi de leur courage, soumission, obéissance, fidélité, endurance, patience, confiance en Dieu et la tolérance en cas d'épreuves ?
- Quelle épreuve as-tu déjà endurée ou rencontrée dans ta vie ?
- De quelle manière l'as-tu surmontée ou tu as échoué de la surmonter ?
- Es-tu convaincu de raison et de profit à tirer en tenant ferme aux épreuves ?
- Faut –il sacrifier sa vie pour la mission de Dieu au détriment de la famille et de ses biens comme Job ?
- Quels témoignages peux-tu rendre aux autres pour toi ou pour les autres des épreuves rencontrées dans la vie ?
- Y a-t-il des cas où l'on est déçu de persévérer et endurer l'épreuve ; peut-on s'imaginer la cause ?

IV. COMMENTAIRE E N GUISE DE CONCLUSION

- Pour sa gloire, pour délivrer son peuple, pour manifester sa puissance, Dieu travaille avec des hommes et parmi des hommes ;
- Il donne à chacun sa mission ;
- Il n'abandonne pas seul celui qu'il appelle à sa mission ;
- Le serviteur de Dieu travaille parfois dans des conditions et circonstances difficiles de mépris, injure, tentation, querelles, et la privation lesquelles exigent : soumission, fidélité, endurance, obéissance, justice et la persévérance.
- Il faut prendre courage ; se confier entièrement entre les mains de Dieu vivant, Yahwèh des armées ;
- Il résulte de ceux qui ont servi l'Eternel : la victoire, la gloire de Dieu, la délivrance et la bénédiction ;
- Tandis qu'il résulte pour l'ennemi et le persécuteur : la honte, l'humiliation, la confusion et le châtiment de la part de Dieu ;
- Pour reconnaissance à leurs services, Dieu qui n'est pas ingrat; Il donne une récompense, la bénédiction, la délivrance, la richesse et autres mérites.
- A titre d'exemples : Job eut le double de ses biens, Daniel retiré de la fosse aux lions, Noé sauvé de déluge, Abram devient Abraham quand il eut un enfant et le pays en héritage, Meschac, Abdenego et Schadrac sortis vivants de la fournaise du feu.
- Nabuchodonosor prit la parole et dit :''BENI SOIT LE DIEU d'Abdenego, de Meschac et de Schadrac, qui a envoyé son ange et délivre ses serviteurs qui se sont confiés en lui, désobéissant à l'ordre du roi et délivrant leur corps, pour ne servir et adorer d'autre dieu que leur DIEU.J'établis donc ce décret :Quiconque , quel que soit son peuple, nation ou langue, qui parlera mal du Dieu de Schadrac de Meschac et d'Abdenego sera mis en pièces, et sa maison sera réduite en un tas d'immondices, parce qu'il n'y a pas d'autre dieu qui puisse sauver de la sorte….

V. INVOCATION ET LOUANGE.

- Ô Dieu, Tu n'es pas ingrat pour tous ceux qui obéissent à tes commandements et observent Ta loi ;
- Tes promesses ne changent pas ;
- Tous ceux qui ont reçu ta mission et l'ont accomplie selon tes commandements ; Tu les as honorés par des couronnes de succès et de la réussite ;
- Fais-nous réussir notre ministère par des prières incessantes, des intercessions, l'oubli de soi ;
- A tenir fermes aux différentes tentations,
- Que notre victoire sur les épreuves donne de bons témoignages de ta puissance et attire les autres à T'accepter.

RETENONS : Daniel : 3 : 25-29.
Daniel : 6 : 11-26.
Actes : 5 : 17-42.
PRIERE : Lire Daniel : 3 : 26-29.

CANTIQUE : Le cantique de Moïse : Exode 15 :1-21.

27

POUR LES CONDAMNES A FAUX POUR LA JUSTE CAUSE

I. QUELQUES PASSAGES ET TEXTES DE REFERENCE

- Etienne faussement accusé : Actes 6 :11-14.
- Paul à Philippes : Actes 16 :16-40.
- La comparution de Paul devant Félix : Actes : 24 :1-27
- Jésus devant Pilate : Luc : 23 :1-2 ; 13-16,22. Matthieu : 27 :1-31 ; Marc : 15 :1-20.
- Joseph en prison : Genèse 39 :1-23.
- Complot contre Daniel-Daniel : 6 :1-28.

II. TEXTE D'ILLUSTRATION OU D'EXPOSE. Actes 16 :16-40.

Une fois que nous allions au lieu de prière, nous rencontrâmes une servante qui avait l'esprit python et procurait un gain considérable à ses maîtres en dévoilant l'avenir.
Elle nous suivit, Paul et nous en criant ''CES HOMMES DISAIT-ELLE, SONT LES SERVITEURS DU DIEU TRES- HAUT ILS NOUS ANNONCENT LA VOIE DU SALUT''.
Elle recommença pendant plusieurs jours, Paul excédé, se retourna et dit à cet esprit ''je t'ordonne au nom de Jésus-Christ de sortir de cette femme''. A l'instant même il sortit.
Mais ses maîtres voyant s'évanouir leur espoir de gain se saisirent de Paul et de Silas et les trainèrent à l'agora devant les magistrats.
Ils les menèrent aux préteurs :''Ces gens-là, dirent –ils, jettent le trouble dans notre ville. Ce sont des juifs, qui prônent des pratiques qu'il ne nous est permis à nous Romains ni d'accepter ni de suivre''.
La foule se dressa contre eux. Les préteurs après leur avoir fait enlever leurs vêtements, donnèrent l'ordre de les battre de verges. Quand on les eut bien battus on les jeta en prison en donnant l'ordre au geôlier la consigne de les bien garder. Ayant reçu pareille consigne, il les mit dans le cachot intérieur et leur entrava les pieds dans les ceps…Cependant, quand il fit jour, les préteurs envoyèrent les licteurs dire (au geôlier) :''Relâche ces hommes''…

III. QUELQUES QUESTIONS DE MEDITATION ET REFLEXION.

- Etre serviteur de Dieu est-il un apanage de vocation ou de recrutement ?
- Est-ce que tout celui qui a été appelé au saint ministère a répondu favorablement, vous et moi ?
- Dans notre ministère avons-nous déjà été soumis aux épreuves de mépris, injures, faim, en matière d'argent, nudité, tribulations, fausses accusations,

violence, humiliation, mésententes entre nous-mêmes pasteurs, mécontentement de désignation, querelles avec nos membres, et de la médisance ?

- De quoi sommes-nous toujours sujets d'accusations ou de calomnie pour vrai ou faux ?
- Dans la vie journalière ou pratique ; il n'y a pas seulement que les serviteurs de Dieu qui sont sujets de subir tous ces maux ci-hauts. Socialement qu'en avez-vous eu dans la famille, avec des voisins, sur la route, au travail, et partout ailleurs ?
- Quelle notre position, attitude, réaction en cas de détresse généralisée ?
- Sur qui faut –il compter et sur qui avez-vous déjà compté ? Avez –vous eu l'échec ou la réussite ?
- En quel moment Dieu délivre-t-il les gens et les couronne de succès ; en cas de victoire, des dangers ou des échecs?
- En quel moment de la vie faut-il rendre de bons témoignages ?

IV. COMMENTAIRES EN GUISE DE CONCLUSION.

Etre le serviteur de Dieu est un apanage de vocation, mais bien sûr aussi de recrutement pour la bonne sélection soit par un test ou par autre procédure de préparer des candidats.

C'est ainsi que ce ne sont pas tous ceux qui ont été recrutés, sélectionnés et testés qui passent pour vrais et fidèles serviteurs de Dieu.

De fois, nous avons été appelés ; mais les circonstances de vie nous empêchent à remplir fidèlement notre ministère ; chose qui nous pousse à quitter, abandonner ou refuser le ministère. De cette façon ou suite à tout ceci ; notre vocation est affaiblie. Souvent, nous sommes sujets aux différentes accusations vraies ou fausses, fondées ou calomnieuses pour une ou autre raison…

De nous-mêmes, il est difficile de nous justifier pour une ou telle accusation en la déclarant vraie ou fausse ; même si nous sommes en mesure de le faire. Le bon témoignage vient des autres dans l'église ou en dehors ; de notre voisinage et entourage évidemment avec Dieu comme le seul Juste Juge. Même si on nous accusait en vrai ou en faux ; cela ne devra pas être la cause de l'échec de notre ministère ou l'occasion d'orgueil en cas de réussite ; le tout dépend de notre Dieu qui nous justifie et nous acquitte de raison. Nombreux, ou peu s'en faut, que nous soyons ; comprenons que notre mission, ministère ou service de Dieu est une tâche difficile, importante, exigeant de l'oubli de soi, la patience, la tolérance, l'endurance, la fidélité, l'amour pour les prochains, le pardon mutuel, l'obéissance, la soumission et surtout se confier entre les mains du Seigneur par des prières incessantes : C'EST UN SACRIFICE.

Notre Dieu que nous servons ne dort pas. Il nous délivre de tout mal, de toutes sortes d'épreuves et nous couronne de succès.

L'acquittement de justice et de raison ne concerne pas les Ministres de Dieu seulement non ; Dieu intervient et rend la justice à tout celui qui place sa confiance en Lui.

En tout moment de notre vie, soyons engagés à rendre bon témoignage en tout et pour tout pour la gloire de notre Dieu. Elle nous suivit, Paul et nous, en criant :

« CES HOMMES, DISAIT–ELLES SONT LES SERVITEURS DU DIEU TRES HAUT ; ILS NOUS ANNONCENT LA VOIE DU SALUT !' ». La justice de Dieu ne suit pas de longues procédures.
Mais la justice des hommes établit des catégories d'institutions judiciaires de différentes appellations : Tribunaux et Parquets, Cours Suprême de la justice, Cours de cassation, Auditorat militaire etc et engage toute une série des personnes : Procureurs de la République, Juges Présidents, Substituts, Avocats ou défenseurs judiciaires, Greffiers, Bâtonniers, Magistrats et autres bien échelonnés avec des titres honorifiques. Avant de rendre justice ; les hommes de la loi ressemblent des livres auxquels ils font recours des : codes, lois, articles, alinéas, décrets, ordonnances, chapitres et dates. Ils rendent le jugement selon l'équité, la jurisprudence, par défaut, plainte contre inconnu et plainte sans plaignant. Ils acquittent l'innocent et condamnent le coupable avec des amendes en francs et déterminent la durée d'emprisonnement par nombre d'années. Certains jugements sont rendus à huis-clos ; en plénière et en public. Or la justice prône l'égalité devant la loi ; c'est comme qui dirait la justice fait l'injustice. Le verdict et les décisions sont pris après débat et délibération. Les défenseurs judiciaires appellent client, le comparant devant la justice à qui ils demandent un certain montant d'argent pour introduire son dossier qui prendra autant des jours d'études après l'audience. Appeler le plaignant un client ; ce qui supposerait que le plaignant cherche à acheter la raison et le défenseur judiciaire cherche à vendre le procès. Lorsqu'un homme comparait devant la police pour un jugement ; il est appelé présumé ou suspect. Lorsqu'il apparaît devant le Magistrat du Parquet on l'appelle l'inculpé. Au niveau du Parquet ; le comparant devant le Juge est un prévenu. Le fautif peut être gardé en prison ou bien il paye sa liberté provisoire. Lorsque l'accusé n'est pas d'accord avec le jugement qu'il trouve mal rendu ; il peut aller en appel à une instance supérieure. Dans toutes ces démarches du rendement de la justice, le Juge Président a la préséance : il est indépendant et il est souvent assis lors des assises du jugement. Mais il ne peut pas blâmer ou donner des injonctions aux Magistrats du Parquet dans leurs décisions ou dans leurs paroles.[15] Je ne spécule pas devant la justice ; mais certaines pratiques et procédures de la justice sont vraies telles qu'elles sont des garants et garde-fous pour la protection de la société, de l'individu et de ses biens.

V. INVOCATION ET LOUANGE.

Dieu Juste Juge, Toi-même Tu as choisi les hommes ; Tu les as appelés à Te servir ;
Ils trouvent beaucoup d'épreuves et d'embûches dans le parcours de leurs ministères ;
Ils sont sujets des multiples accusations et calomnies vraies ou fausses ;
Ils sont soumis aux multiples et différentes épreuves ;

[15] Mlle KAFUKA MBOMBO, licenciée en Droit et Conseillère Juridique de l'Université méthodiste de Kamina.

Beaucoup en sont ébranlés ;
Yahwèh Grand Dieu, que ton Esprit Saint nous guide ; délivres tes serviteurs pour annoncer la voie du salut que tout le monde sache que Tu es le Seul Dieu qu'il faut adorer.

RETENONS : Actes 16 : 17.
Daniel 6 : 27.
Genèse 41 :42-44.
PRIERE : Dieu notre Père, délivres-nous du mal….

CANTIQUE : N° 292 Le ami ne mushidika wa Yesu Kidishitu…
- S.S. 672

EN CAS DE GUERRE

I. QUELQUES TEXTES OU PASSAGE DE REFERENCE.

- Josué défait Amaleq : Exode 17 :8-13.
- David tue Goliath à l'aide de sa fronde 1 Samuel : 17 :48-51.
- Jephté livre bataille à Ephraïm Juges : 12 : 1-6.
- L'armée égyptienne (de Pharaon) engloutie ou renfermée dans la mer rouge : Exode 14 :26-31.
- Les gens d'Aï tuent les enfants d'Israël : Josué : 7 :1,4-12.
- La prise de Jéricho : Josué : 5 :13-6 :1-27.

II. LE TEXTE D'ILLUSTRATION OU D'EXPOSE. Exode 17 : 8-16.

Amaleq vint attaquer Israël à Rephidim. Et Moïse dit à Josué : ''Choisis-nous des hommes, et va combattre Amaleq ; demain je me tiendrai sur le sommet de la colline, le bâton de Dieu dans ma main''.Josué fit comme lui avait dit Moïse : il combattit Amaleq. Et Moïse, Aaron et Hour montèrent au sommet de la colline. Lorsque Moïse tenait ses mains élevées, Israël l'emportait, et lorsqu'il laissait tomber ses mains, Amaleq l'emportait. Comme les mains de Moïse s'alourdissaient, ils prirent une pierre, sur laquelle ils le firent s'asseoir ; et Aaron et Hour soutenaient ses mains, l'un d'un côté, l'autre de l'autre ; ainsi ses mains restèrent fermes jusqu'au coucher du soleil. Et Josué défit Amaleq et son peuple à la pointe de l'épée.
Yahwèh dit à Moïse :''Ecris cela en mémorial dans le livre, et déclare à Josué que j'effacerai la mémoire d'Amaleq de dessous le ciel.'' Moïse construisit un autel, et le nomma Yahwèh-Nissi, et il dit :''Puisqu'une main s'est levée contre le trône de Yahwèh est en guerre contre Amaleq de génération en génération''.

III. QUELQUES QUESTIONS DE MEDITATION ET REFLEXION

- Pouvons-nous comprendre la guerre comme étant un conflit qui exige des hostilités, violences, dialogue, force armée, pour trouver une solution ?
- La guerre est-elle la seule solution à tout conflit tant politique, social, économique que religieux ?
- Tout acte d'effusion du sang est-il un péché ou acte du salut ?
- Une guerre peut être sainte et acceptée par Dieu si elle a pour but de défendre un conflit religieux ?
- S'il faut défendre un cas religieux ; est –il nécessaire d'utiliser un armement ; par exemples : fusils, épées, javelots, chars de combats ou tout autre armement destructeur de la vie des hommes ?

- Pour défendre son peuple contre ses ennemis, Dieu permet-Il de faire appel aux alliés ou Il est celui qui peut intervenir pour sauver son peuple qui lui fait confiance et s'en appelle à Lui ?
- Pouvons-nous nous imaginer les quelques causes des guerres, des défaites dans les combats aujourd'hui ?
- Dieu accepte-IL des guerres et combats pour défendre sa gloire et pour la réalisation de sa promesse ?
- Dieu venge-t-Il le sang des innocents et des martyrs ?
- Avez-vous déjà vécu le cas d'une guerre ou plusieurs ? Rendez en témoignage.
- Préfériez-vous en vivre une autre ou pas ? Pour quelle raison ?

IV. COMMENTAIRES EN GUISE DE CONCLUSION.

Nous ne pouvons pas comprendre la guerre comme étant un tel moyen qui exige les hostilités, violence, force armée, ou toutes autres munitions des guerres pour résoudre tout problème parmi les gens mais plutôt recourir à un effort tant moral, intellectuel, dialogue non nécessairement armés.

Elle n'est pas la seule solution au conflit, à l'opposition ou mésentente ; la guerre entant que telle ; lorsqu'elle fait couler du sang des innocents et fait des martyrs, est un péché mais le sang de Christ sur la croix est un acte du salut; il n'y en a pas d'autre sous n'importe quelle forme ou pour n'importe quelle cause avec toutes ses raisons qu'on puisse se fonder. Pour mettre son peuple d'Israël en épreuve en cas d'infidélité ; Dieu le livrait entre les mains des ennemis.

Et cela, pour le prouver qu'Il est leur Dieu puissant, luttant pour lui contre ses ennemis jusqu'à les exterminer. Afin de défendre un cas religieux, il n'est pas un impératif absolu de courir aux armes. Mais David pour défendre la gloire de Dieu et son peuple contre les philistins, il avait lutté au nom de Dieu Yahvé avec une fronde. Il a tué Goliath le géant qui prétendait faire de l'Israël son esclave s'il gagnait le combat. Dans ce temps ; le peuple de Dieu était si souvent vaincu en guerre comme en ces jours, car beaucoup de gens ou soldats combattants posent des actes d'infidélité et non compatibles et conformes à la volonté de Dieu ; ils transgressent l'alliance de Dieu. Tel est le cas de la prise d'Aï(Ay) pour le péché d'Aca (Josué 7 :2-26). Plus encore, beaucoup de guerres ont pour but la cupidité de l'argent, soif ou course au pouvoir sans tenir compte de sentiment de jalousie que Dieu a pour son peuple contre toute ambition de destruction des âmes.

Pour la gloire de son nom, la réalisation de ses promesses, Dieu a ses plans pour sauver son peuple et combattre pour sa cause. Ainsi qu'IL avait délivré Israël des mains de ses ennemis. (Exode 14, Juges 4, Juges 7,1Sam 7 :7-14 ;1-46 ;17 ; 2 Rois19 ;2 Ch. 14 :8-14 ;2 Ch. 20 :1-30)

Dieu est capable de lutter pour nous contre tous les ennemis qui nous entourent dans toutes les circonstances de la vie lorsque nous plaçons confiance en lui pour les justes causes. …David répondit au Philistins :..'' Toi tu viens à moi avec l'épée, la lance et le javelot ; et moi je viens vers toi au nom de YAHWEH, DIEU DES ARMEES DU DIEU DES TROUPES D'ISRAEL QUE TU AS INSULTE…. (1 Samuel 17 :45)

V. INVOCATION ET LOUANGE.

Yahwèh Maître des combats ;
L'Eternel des armées, en ton nom David défait Goliath et toute l'armée des Philistins ;
Combats aussi pour nous contre les ennemis qui nous entourent pour les justes causes ;
En combats Tu n'as pas besoin d'alliés ; Tu es seul Maître sur des terrains des combats ; vainqueur et invincible ;
Tu montes tes plans que nul ne peut connaître ni désorganiser ;
Jéricho était tombé aux sons des trompettes (Josué 6 :1-20) ;
Tu n'épargnes aucun coupable devant Toi Acan et tous les siens périrent ;
Combien grand est ton amour qui n'a pas épargné ton Fils à mourir sur la croix ;
Tu ne sauras pas nous laisser en buttes aux ennemis de partout qu'ils viennent.

RETENONS : 1Samuel 17 : 45-47.
Exode : 14 : 26-31.
Josué : 5 :13 ;6 :1-27.

PRIERE : Dieu Tout-puissant, il y a des ennemis qui rodent tout autour de tes saints et les persécutent de tout côté ;
Viens nous au secours au nom précieux de ton Fils notre Seigneur et Sauveur, Jésus-Christ. Amen.

CANTIQUE : N° 121 Banwe kukilai Yesu badivita dyandi.
- S. S. 680

JOUISSANCE DE LA GRATUITE DE SES DONS

I. QUELQUES PASSAGES DE REFERENCE

- Récit de la création Genèse 1 : 1-25
- Tout est bon Genèse 1 : 31.
- Don de la nourriture Genèse 1 : 29.
- La pluie Genèse 2 : 5-6.
- Souffle de vie Genèse 2 : 7.
- Eclairage Genèse 1 : 3-5.
- Eclairage Genèse 1 :14-1

II. LE TEXTE D'ILLUSTRATION OU D'EXPOSE Genèse 1 : 31.

Dieu vit que toute chose qu'Il avait faite, était TRES BON….

III. QUELQUES QUESTIONS DE MEDITATION ET REFLEXION.

- Qui a payé quoi que ce soit à Dieu pour naître ?
- Combien coûte la fécondation d'une femme ?
- Les spermatozoïdes et les ovules, leur rencontre est – elle un fait du hasard pour créer un être vivant ?
- Le souffle de vie et l'air que nous respirons coûtent combien comme coûte la réanimation d'un homme dans la salle de réanimation à l'hôpital ?
- Le soleil et la lune qui nous éclairent coûtent combien et facturés par qui comme coûte le courant électrique que nous consommons au prix des factures des usines des centrales hydro-électriques ?
- Les pluies qui arrosent la terre, fertilisent le sol, font pousser et croitre les plantes de nos champs et jardins qui en est seul bénéficiaire ? Pauvre, riche, une race, une tribu, le gros ou le mince, un homme ou une femme seulement, un pays particulier ? A quel coût ?
- La terre qui nous héberge et que nous habitons ; est-elle la création du titre foncier qui nous la morcelle en lopin des terrains pour en faire un habitat ?
- La volaille, la faune, la flore, les aquatiques et les reptiles constituent la richesse innombrable de Dieu qui nous en fait un don gratuit pour la chair.
- Les eaux des fleuves capturées pour faire des barrages ; leurs sources sont-elles une création artificielle ou scientifique qui s'en sert pour produire le courant hydro-électrique ? –J'en passe. La terre est tout ce qu'elle renferme constitue la richesse de Dieu (Psaumes : 24 :1-2)
- Qui a fait la variété des semences pour la reproduction des plantes ?

IV. COMMENTAIRE EN GUISE DE CONCLUSION.

Lorsque nous parcourons le texte du récit de la création ; nous lisons que toutes les choses dont l'homme jouit et tire profit sont les créatures de Dieu qui les a créées telles qu'Il les a voulues. Il les a créées par sa parole et sa main pour créer l'homme. Après avoir tout créé Dieu dit que TOUT EST BON...Tout ce qui est bon devant Dieu ne peut en aucun cas être mauvais quelle que soit l'utilité et l'usage abusifs que l'homme peut en faire. Le soleil très chaud sèche nos plantes, les pluies très abondantes causent l'inondation etc....Quelque part les pluies abondantes permettent aux poissons de se reproduire beaucoup et le soleil très chaud et ardent sont favorables pour sécher vite les objets mouillés...

Si tout ce que Dieu nous a fait comme don gratuit pour vivre aurait eu une facture à payer qui serait capable de payer pour autant des quantités consommées de ses biens ?

La science serait en mesure d'améliorer les conditions de vie de l'homme à partir de ce que Dieu a créé ; mais elle n'en est pas de créer d'autres matières.

Par la science nous jouissons de la transformation, des découvertes, du progrès et du développement de la technologie moderne et non de sa création de nouvelles matières.

La Bible le déclare « Tout a été fait par Lui, et sans Lui rien n'a été fait de ce qui a été fait » (Jean 1 : 1-2)

La science a pris la possession du monde ; c'est biblique (Genèse 1 :2,28) ; mais sans pour autant exclure ou se douter de pouvoir de Dieu comme créateur. Notre Dieu est un Dieu THEISTE ET NON UN DIEU DEISTE. Un Dieu créateur qui pourvoit et dirige le monde et non un Dieu qui a créé le monde et le voue à son simple sort.

Qui peut dénaturer la création de Dieu autrement dit qui peut changer la morphologie d'espèce des choses qui sont l'œuvre de Dieu ? Dieu est le Seul Maître de temps et d'espace. Qui peut doser la pluviosité, augmenter ou diminuer la chaleur du soleil ; qui peut changer un manguier en un palmier ? Personne. L'homme peut prélever des données et mesurer la quantité des pluies ; c'est la météorologie. Parfois la science commet des erreurs et donne des indications, des informations et des renseignements qui n'encadrent pas avec la réalité. En science ce qui est une vérité aujourd'hui peut devenir demain une erreur. Ce qui est une erreur aujourd'hui peut devenir demain une vérité.

V. INVOCATION ET LOUANGE.

- La Bible qui est ta parole Toi Dieu ;
- Elle nous enseigne et déclare que Tu es le Créateur de la terre et du ciel ;
- Tout ce que la terre renferme est ta richesse ;
- Tu as créé tout par ta parole et de la poussière Tu as tiré l'homme ;
- L'homme créé à ton image est doté de pouvoir de dominer sur toute chose ;
- Tout ce que Tu as créé EST BON ;

- L'homme jouissait de ton ordre que Tu lui avais donné de vivre heureux et de manger tout ce que Tu lui avais ordonné à l'exception faite de manger des fruits de l'arbre se trouvant au milieu du jardin et pas même de le toucher ; grande fut sa malédiction ;
- L'homme ne cesse de vivre à la sueur de son front et d'autres peines ;
- Mais, sans ni frais ni facture, Tu pourvois à ses besoins : de bons, de mauvais, des pauvres et des riches ;
- Sans distinction des races, des langues, d'espace et de temps ;
- C'est là le manifeste de ta bonté, de ton amour, de tes grâces infinies et de tes caractères de NOTRE PERE.

RETENONS: - Psaumes 24:1-2.
- Genèse 1: 31.

PRIERE: Dieu, ta bonté ne fait pas l'exception de personne;
Tu pourvois aux besoins d'un chacun ;
Que ta volonté soit faite au nom de Jésus-Christ ;
Notre Seigneur et Sauveur, que la gloire te soit rendue ;
Pour des siècles et des siècles. Amen.

CANTIQUE : N° 92 Kiluba : 3ème et 4ème couplets.
S.S. 227

L'AMOUR DE DIEU POUR SES HOMMES

I. QUELQUES PASSAGES DE REFERENCE.

- Car Dieu a tant aimé le monde : Jean 3 : 16-17.
- L'expiation : 1Pierre 2 :24,3 :18.
- La rédemption : Ephésiens 1 :7 ;1 Pierre 1 :18-19.
- La rançon : Matthieu 20 : 28 ; Marc 10 :45.
- La propitiation : 1 Jean 4 :10,2 :2 ; Ephésiens 2 : 1 ; 1Corinthiens 2 :14 ; Jean 3 :3-5.
- La délivrance : Exode 6 :6 ; Psaumes 18 :49, 33 ; Galates 3 :13,4 :5.
- La justification : 1Corinthiens 1 :30 ; Romains 3 :24.
- La passion : Matthieu 6 : 12, 14,15 ; 9 : 2 ; 12 :31-32 ; Luc 18 :13,6 :37 ; Hébreux 8 :12 ; Jérémie 31 :34.
- La réconciliation : 2 Corinthien 5 :19 ; Ephésiens 2 :15-16.
- La régénération : Jean 3 :6-8.
- La sécurité : Jean 5 :24 ; Romains 8 :38-39.

II. LES TEXTES D'ILLUSTRATION ET D'EXPOSE. Jean 3 : 16-17

Car Dieu a tant aimé le monde entier ; qu'Il a donné son Fils unique afin que quiconque croit en lui ne périsse point ; mais qu'il ait la vie éternelle. Car Dieu n'a pas envoyé son Fils dans le monde pour condamner le monde, mais pour que le monde soit sauvé par lui.

III. QUELQUES QUESTIONS DE MEDITATION ET DE REFLEXION.

- Pouvons – nous nous imaginer ou nous rendre compte de la cause de nos souffrances et de notre mort ?
- Y a-t-il un responsable de tout cela ? S'il y en a un, pourquoi les autres en pâtissent-ils ?
- De toutes les malédictions qui s'en suivent ; peut-on en échapper les conséquences ?
- De celui dont nous sommes coupables ; pouvons espérer un moyen d'effacer notre culpabilité ou péché ?
- Ce moyen peut –il être un homme une chose ou un animal ?
- Qui peut –il être si c'est un homme ? Son nom ?
- Comment ou par quel moyen a –t-il pu le faire ?
- Quels sont les quelques actes a-t-il pu poser pour y parvenir ?

- Ya-t-il de notre part, des responsabilités à faire pour mériter ou obtenir le pardon ?
- Le salut est – t-il un don, un mérite, une action de grâce ou le résultat d'un effort de l'homme ?

-L'amour de Dieu consiste-t-il à avoir seulement le salut par la foi ou encore le bonheur, la prospérité, la paix et autres bien- être matériel de l'homme ?

IV. COMMENTAIRES EN GUISE DE CONCLUSION.

Lors de la création du monde, Dieu avait créé l'homme sans péché. L'homme était béni dans tous les points de vue possibles: manger, dominer sur toutes autres créatures, entretenir le jardin (prendre la terre en possession), être féconds, se multiplier et remplir le monde (Genèse 1 : 26-31) Il n'était infligé d'aucun châtiment, malédiction ou punition avant la chute. Tout ce que Dieu a créé est bon.

A cause de sa transgression, Dieu maudit l'homme, lui inflige de plusieurs châtiments de mort et de plusieurs peines. (Genèse 3 :17-21). De cette malédiction et châtiment de l'homme ; découlent la mort et la perdition de l'homme devant Dieu. A l'époque de Noé le monde jouissait de toutes les sortes des péchés possibles. (Genèse 6 : 1, 3, 5,11-12) Dieu dit : « J'effacerai de la surface du sol l'homme que j'ai créé, et avec l'homme, les animaux domestiques, les reptiles et les oiseaux du ciel, car je me repens de les avoir faits » … Toute chair qui se meut sur la terre périt : oiseaux, animaux domestiques, bêtes sauvages, tout ce qui grouille sur la terre et tous les hommes. Tout ce qui respire pour vivre, tout ce qui demeure sur la terre ferme mourut. Ainsi ils furent tous effacés de la surface de la terre…. (Genèse 7 :21-23).

A l'époque de Sodome et Gomorrhe ; les gens étaient pervertis et offensaient Yahwèh (Genèse 13 :13). Alors Yahwèh fit pleuvoir sur Sodome et Gomorrhe du souffre et du feu d'auprès de Yahwèh, du ciel. Il détruisit ces villes, toute la plaine, tous les habitants et tous les produits du sol (Genèse 19 :24-25). Notre Dieu est un Dieu Saint qui veut que tout le monde soit saint. (Lévitique 19 :2 ; 20 :7,26). A cause du péché d'un homme la mort est entrée dans le monde et à cause de la mort d'un seul homme sur la croix le monde est sauvé de sa mort et délivré de ses servitudes (Romains 5 :12-19 ; Esaïe 61 :1 ; Jean 8 :36 ; Romains 8 :2 ; Galates 5 :1) De quelle manière et par quels actes notre Dieu a pu manifester son amour pour ses hommes ? Il a donné son Fils Unique Jésus-Christ mort sur la croix en accomplissant des actes qui suivent :

- Par Expiation ;
- Par Rédemption ;
- Par Rançon ;
- Par propitiation ;
- Par Délivrance ;
- Par Justification ;
- Par Passion ;
- Par Réconciliation ;

- Par régénération ;
- Par Sécurité.

Lisons Esaïe 61 :1-3.

Après tant des souffrances sur la croix, le voyant expiant de telle manière ; le centurion qui se tenait en face de Lui dit : « VRAIMENT CET HOMME ETAIT LE FILS DE DIEU » (Marc 15-19)

V. INVOCATION ET LOUANGE

Dieu notre Père, nous Te remercions pour tes dons gratuits de toutes les choses ;
Toi qui n'as pas épargné ton Fils à quelle forte raison Tu ne pourras pas nous donner
Tous ce dont nous avons besoin ;
Ta miséricorde et ta bonté durent toujours ;
Par ton amour Tu nous as fait don gratuit de ton Fils Jésus-Christ pour le salut de quiconque croit ne périsse point mais qu'il ait la vie éternelle ;
De différentes manières et par des actes d'opprobre il était mort sur la croix
Quand Jésus prit de ce vinaigre : Il dit « c'est accompli » (Jean 19 : 30) … ;
Tu es merveilleux dans ta bonté infinie et impartiale pour tous ;
Tu te soucies de toute ta créature : homme, bête, plante, et des oiseaux même là où il n'y a pas à semer ni à récolter même pas le grenier pour amasser et entasser ;
Maintenant nous sommes rachetés de péché, délivrés de toute servitude de peines de souffrance et réconciliés avec Toi par la mort et le sang précieux de Christ mort sur la croix et aujourd'hui ressuscité d'entre les morts.

RETENONS : Esaïe 53 :3-12
Marc 10 : 45

PRIERE : Qui pourra nous séparer d'avec l'amour de Dieu qui est en Christ pour nous ?... Dans tout cela nous ne sommes plus que vainqueur… (Romains 8 :31-35)

CANTIQUE : No 88 (Kiluba) Lusa lobe Yesu lutabuke ňeni yonso ya panopantanda…
S.S. 620

DEUXIEME PARTIE

LES TEMOIGNAGES DECLARATIFS DE L'EXISTENCE DE DIEU PAR D'AUTRES PERSONNES DE NOS JOURS.

Dans la première partie de notre travail nous avons exposé les quelques cas de la vie pratique de l'homme en faisant plus des références à la Bible.
Dans cette deuxième ; nous allons étaler les quelques cas relatifs aux témoignages des gens qui ont fait connaissance de Dieu à partir des circonstances de leur vie témoignant de l'existence de Dieu par ses bienfaits dans les cas ci-après :

1. La création du monde.
2. La stérilité
3. La maladie
4. Le voyage
5. Ses récompenses
6. Sa délivrance
7. Pour les condamnés à faux pour la juste cause
8. En cas de guerres
9. Jouissance de la gratuité de ses dons
10. L'amour de Dieu pour ses hommes.

I. CAS DE CREATION.

- Un étudiant à l'Université de Kamina en G2 agronomie m'a fait cette déclaration : est appelé être vivant : homme, bête, oiseau, insecte, plante et tous les aquatiques en un mot tout ce qui respire se reproduit, croit et meurt. Lorsque la respiration cesse ; l'être meurt et personne ne peut le faire revenir à la vie.[16]
- Une étudiante en G3 santé publique de l'Institut Supérieur de la Santé Publique Méthodiste à Kamina quant à elle c'est l'ontogenèse : le développement de l'individu depuis l'œuf fécondé jusqu'à l'âge adulte. L'homme depuis sa formation dans le ventre de sa mère jusqu'à sa vieillesse laquelle croissance est marquée de changement du corps sans s'en apercevoir.[17]
- Mon épouse me dit qu'elle se fait aucune abstraction ni doute de l'existence de Dieu lorsqu'elle voit toutes les merveilles de la nature et se pose une question : comment cela était possible ?[18]
- De ma part, je suis marqué d'étonnement que chaque jour le soleil se lève sans changer de direction de l'Est à l'Ouest ; les lits des Océans, des Mers, des Lacs et des fleuves ne tarissent pas.
- Rien de ce qui a été créé ne change sa position (Montagnes, chaines de montagnes, les Océans, mers, lacs, les fleuves etc.) ni altérer sa morphologie.
- Des bouleversements et des catastrophes qui eurent eu lieu étaient-t-ils faits du hasard ou issus de quel phénomène dû à quoi ?

[16] Mwepu Lwanga Masashi Zidane, étudiant en G2 Agronomie à l'Université de Kamina.
[17] NKULU KILUMBA Mireille, étudiante en G3 Santé publique à l'institut Supérieur des sciences de la Santé Méthodiste à Kamina.
[18] NGOIE MUKEYA Marie, femme ménagère et membre de l'église méthodiste de la Plaine à Kamina.

II. CAS DE VOYAGE.

Un collègue Pasteur m'avait raconté l'histoire d'un cas de deux hommes qui étaient sauvés de naufrage d'un navire. Un équipage des militaires avait connu un naufrage. Deux militaires s'étaient retrouvés à un endroit où l'eau ne les atteignait au niveau des hanches pendant que tous les autres et le navire se noyaient complètement et mouraient. Lorsqu'on venait les récupérer, le sondage de l'endroit où ils étaient débouts était très profond.
Il ne s'était pas arrêté là. Il m'avait dit un autre cas d'un train qui venait de faire un déraillement. Cet accident disait –il avait causé la mort de plusieurs personnes et blessées gravement. Mais un Directeur qui dormait profondément en sortait sain et sauf sans égratignures après qu'on le réveillait.[19]
- Un jour je partais de Malemba vers Kamina. En pleine route, entre deux villages séparés d'environ de 25 kms ; j'avais croisé un homme inconnu. Ce dernier venait vite avec son vélo sans s'arrêter il me dit : là où vous allez il y a des hommes armés en uniformes ; ils m'ont arrêté, j'ai fui. Comme j'avais un peu d'argent j'ai eu peur d'avancer. J'étais allé me cacher en brousse avec l'espoir qu'ils allaient venir passer toute de suite. Personne d'autre ne passait dans tous les sens : aller ni venir. De 8hoo' jusqu'à 16hoo.'A un moment donné j'étais sorti sur la route pour les épier, à distance ; je les avais aperçus deux ; vite j'avais traversé la route. Sur la route ils trouvèrent les traces de mes pieds. Un d'entre eux dit en langue que je ne savais pas laquelle, je répète la phrase : « soki tukamati yo, okuzua... ». Ainsi j'étais sauvé d'un danger et détourné d'entre les mains des ravisseurs.

- Plus encore d'un témoignage. Au moment du deuil d'un enfant de ma nièce.
Il nous fallait effectuer un déplacement de Kamina à Kabondo. Nous n'avions pas eu suffisamment d'argent pour acheter son billet aller et retourner. Sur nous, nous avions eu 12.000 FC seulement. Pas de nourriture pour son fils qu'elle avait sur le dos. En gare, un homme de Dieu nous avait facilité le voyage et payé des beignets pour viatique. Nous avions acheté le billet pour aller à 700FC et 300FC pour le retour soit un total de 10.000FC au lieu de 30.000FC ; ce qui a fait pour nous une différence de 2.000FC. Comme nous avions prié avant de partir, Dieu nous avait facilité et fait réussir le voyage en faisant rater la première occasion qui était chère. Dans la vie il ne faut pas regretter beaucoup pour des occasions ratées lesquelles nous sembleraient profitables ; car on ne saurait pas le plan et la volonté de Dieu pour de telles occasions. Combien de personnes ont été sauvées d'accidents et ont bénéficié des faveurs et jouit d'avantages dans des occasions ratées ?[20]

[19] Rév NGOY'A SANZA KAWAYA, Pasteur Aumônier Adjoint à l'Université méthodiste de Kamina
[20] Rév ILUNGA MUSANA, Auteur de ce livre.

III. EN CAS DE MALADIES

J'étais désigné Pasteur à Kabala, une localité située dans le territoire de Malemba-Nkulu ; collectivité de Nkulu. Je fus gravement malade qu'il fallait me transporter de là vers Mwanza sur l'ordre de mon grand frère MUTONKOLE KABANZA Remy,qui, lui aussi malade interné dans un dispensaire à Sope(Kalala Kayembe).Ayant entendu l'histoire de ma maladie ; il demanda à l'infirmier MUNDUKA,responsable de dispensaire s'il pouvait me soigner à crédit.

Chose surprenante, c'était pendant la nuit qu'on me transportait de Kabala à Mwanza Sope. J'étais dans l'inconscience. Ma surprise c'est quoi ? Ceux qui me transportaient : Musana, Mabidi et Lenge étaient éclairés sur le sentier d'une lueur qui provenait d'une distance alors qu'il faisait sombre partout sans lune.

Interné toujours dans l'inconscience au dispensaire presque pendant une semaine entière, il m'était arrivé de demander à mon épouse MUKEYA et à mon jeune frère NGOY Elie de me laver, m'habiller et me couvrir en leur disant : ne me laissez pas mourir sale. Ils l'avaient fait comme ça et puis me courir. Vite, ils allaient voir l'infirmier pour lui demander de venir intervenir autrement. Ecoutez la réponse de l'infirmier. Moi, je ne peux rien faire autrement, allez prier Dieu pour intervenir

En ce moment-là mon corps était refroidi, caractérisé par la bradypnée.[21] Ils se mirent à prier avec supplication à Dieu. Peu à peu, je revenais à la conscience, la température augmentait, et la respiration se normalisait. J'avais fait 7 mois d'observation au dispensaire. Tout visiteur qui venait rentrait désespéré de ma vie. Il y a eu de grands témoignages sur moi. Ma 2ième fille dans la famille rend témoignage en remerciant Dieu en ces termes : Si papa mourait de cette maladie pendant que nous étions encore petits sans éducation qu'allions nous devenir ? Je ne cesse de remercier mon Dieu pour avoir sauvé la vie de mon père.

Un autre témoignage a été rendu par mon neveu, fils de mon cousin ; lui disait :

Papa, si vous étiez membre d'une Eglise qui prône la prophétie actuelle ; vous parcourriez un peu partout rendant la grandeur de Dieu suite à votre guérison.

Dieu m'a guéri de polypathologie de : malaria, diarrhée, l'œdème de la jambe gauche, soupçon de la tuberculose et le vertige.

Je ne suis pas le seul à être guéri et à rendre témoignage. Il y en a beaucoup d'autres qui rendent les leurs ou qui, les autres rendent témoignage de leur guérison opérée par la volonté de Dieu. Vous en connaissez assez.[22]

---

[21] Mr KAMFWE KALEMBA Alkin, Licencié en Santé publique, Assistant à l'Unikam et à l'UMK/Kamina.

[22] Rév ILUNGA MUSANA, Auteur de ce livre.

IV. CAS DE STERILITE

Par sa définition populaire, la stérilité est le manqué d'enfants, la difficulté de concevoir une grossesse, l'absence de fécondité chez la femme. Médicalement selon le Dictionnaire illustré (RDC) c'est l'état de ce qui est exempt de tout germe microbien. Selon un Assistant de biologie la stérilité est un état d'infécondité ou d'inaptitude à la conception soit secondaire à des maladies sexuellement transmissibles ou congénitales.[23] Revenons à notre cas de stérilité dans les pages précédentes ; une question était posée de savoir si la stérilité on la devient ou elle est innée ? Selon la Bible, la stérilité était considérée comme le châtiment de Dieu (Gén. 16 :2,30 :23). Devenir stérile cela suppose qu'il y a des causes qui font que la femme ne conçoive pas la grossesse ou tout simplement que l'homme n'est pas capable de rendre grosse une femme. Les causes de stérilité sont multiples et liées aux maladies telles que signalées ci-haut. Tandis que naître stérile cela supposerait des infirmités au sein de l'homme dans l'organisme surtout conjugal ou acceptons que la stérilité soit un châtiment de Dieu selon la bible qui le déclare comme cela ? Toujours la Bible déclare que rien n'est impossible à Dieu et qu'il n'y a rien qui arrive sans le dessein de Dieu (Prov. 19:2) Mais la médecine peut expliquer et citer certaines causes comme étant l'agent causal.

Elle peut citer l'hérédité, la malnutrition, manque de certaines substances capables de contribuer à la formation et développement de l'enfant etc. Exemple « ETAT DE LIEU DES MALFORMATIONS CONGENITALES EN MILIEU URBAIN CAS DE CINQ ZONES DE SANTE DE LUBUMBASHI » Ce rapport présente la malformation congénitale comme un ensemble des anomalies morphologiques et fonctionnelles présentes à la naissance et qui trouvent leur origine dans la constitution génétique de l'embryon ou dans un défaut extrinsèque de son développement in utero induit par causes infectieuses métaboliques, médicamenteuses, les radiations ionisantes et les toxiques. Et plus encore le rapport déclare que : Jusque-là, les causes de malformation congénitale snt mal connues dans deux tiers :

- L'origine polygénique pour les malformations cardiaques et vertébrales,
- causes multifactorielles résultant de gênes anormales et d'environnement nocif.[24]

Scientifiquement parlant, la science médicale révèle ici l'incapacité de déceler toutes les causes des malformations. Il en serait la même chose pour le cas de stérilité et autres.

Elle est même incapable de corriger et de guérir quelques infirmités et quelques causes des infirmes. Exemples : l'aveugle, le sourd, le muet, le boiteux etc….

[23] Mr KAMFWE KALEMBA Alkin, idem

[24] Rapport d'un exposé par le P.O Kabyla, Professeur visiteur à l'Unikam.

Mais bibliquement parlant, Dieu par son omnipotence, est capable de tout faire en opposition à la médecine. Prenons la stérilité en cas d'espèce ici. Si je peux me répéter ; reprenons cas de ma cousine ILUNGA à l'âge de ménopause.
Avec un mari de plus de 70 ans ils venaient d'avoir deux fois les jumelles et les jumeaux. Elle plaçait sa confiance et assurance en Dieu par la foi si l'on tenait compte de ce qu'elle était avec son premier mari qui l'obligeait d'observer la pratique de fétiche.

V. CAS DE DELIVRANCE

La délivrance, cet acte de libérer l'homme de son emprise de l'esclavage, de problèmes qui entravent ses succès dans ce qu'il fait, de soulager et de débarrasser de ce qui gène ou nuit ; s'étend et se pratique dans plusieurs cas de la vie de l'homme : la maladie, la possession démoniaque, du péché, de poursuite, ivresse, vol, sortie de la prison et de tout ce qui est mal.

Dans notre quartier R.V.A. à Kamina c'était là un jeune homme qui s'enivrait toujours et volait si souvent beaucoup de biens d'autrui aussi bien que tout ce qu'un homme domestiquait. A son passage devant les hommes il ne laissait que l'odeur de la boisson et de la cigarette. Très sale et vagabond.

Actuellement qu'il a connu le Christ ; il est devenu une nouvelle créature bien propre et respectueux.

VI. CAS DE GUERRE.

Une histoire vraie ou fausse m'a été racontée. Qu'il y avait dans un pays d'Europe deux armées qui s'étaient confrontées. Dans l'armée des vainqueurs il y avait un militaire chrétien. Après la victoire ; pendant la nuit avant de dormir il se mit à prier et remercier Dieu pour la victoire. Un de ses alliés qui ne connaissait pas Dieu se révolta contre lui en disant : tu fais beaucoup de bruit qui nous empêche de dormir ; car ils étaient beaucoup fatigués. Comme c'était pendant la saison des pluies, tous leurs souliers étaient salis de la boue. Quand tout le monde s'endormait profondément, le militaire chrétien s'est réveillé pour essuyer les souliers de l'autre qui se révoltait contre lui et y appliqua du cirage. Au grand matin, le militaire trouva ses souliers propres. Très surpris, il posa la question de savoir qui avait fait cela pour lui ? L'autre répondit qu'il avait fait cela pour lui parce qu'il comprenait qu'il était fatigué.

Ce dernier comprit que leur victoire venait véritablement de Dieu. Et du fait que le militaire chrétien ne s'était pas fâché contre lui pour des paroles de mépris à son égard ce dernier finit par se convertir à Christ.

VII. CAS DE CONDAMNE A FAUX POUR LA JUSTE CAUSE

Une de mes membres de la Paroisse était accusée de sorcière par les enfants de son voisin. La cité ayant été saisie de ce problème par plainte ; après le jugement cette dernière avait gagné le procès.
La partie de perdants étant indignés du jugement, avait introduit le recours au Parquet lequel avait acquitté à son tour la partie des perdants à la cité et cela devenait le sujet de moquerie pour notre membre qui fut frustrée et condamnée à payer des amendes qu'elle n'avait pas pu payer sous prétexte que le jugement était mal rendu. Chaque fois que je passais chez elle pour prier ; elle n'acceptait plus ma prière ni entendre lui parler de Dieu qu'elle croyait l'avoir abandonnée dans son procès et pourtant qu'elle était une membre fervente. Très courageuse qu'elle est, elle interjeta l'appel à la cour d'appel à Lubumbashi. Après le jugement elle avait gagné de nouveau le procès. Lorsqu'elle était rentrée de Lubumbashi avec victoire de gagner le procès ; elle reconnut que Dieu est le JUSTE JUGE qui mérite la gloire et exauçant la prière de ceux qui Le servent.

VIII. JOUISSANCE DE LA GRATUITE DE DONS DE DIEU

Pour la jouissance des dons gratuits de Dieu, je vais donner des exemples assez banaux mais vrais et réels.

Depuis votre naissance, combien de talons de pieds que vous avez déjà changés quand vous marchez à pieds-nus ?

Combien de pneus de voiture de vélo ou des motos que vous avez déjà remplacés ? Combien de paires de souliers que vous avez déjà usé la semelle et le talon ? Non, vous avez les mêmes pieds et talons depuis votre naissance. Mais plusieurs semelles et talons des souliers que vous avez pu avoir !

Pour le cas d'éclairage des rayons solaires et le changement des climats par exemple.

L'éclairage du soleil ne connaît pas des coupures et délestage comme c'est le cas quelque part avec des usines et sociétés électriques qui font que l'électricité est utilisée autant des jours dans un quartier et coupée pendant un certain temps dans un autre. Mais le soleil éclaire sur la totalité de la surface de la terre.

La force de la chaleur des rayons solaires sur la surface de la terre dépend de l'inclinaison et de la position de la terre par rapport au soleil.

Lorsque la terre fait son mouvement de rotation, la partie en face du soleil reçoit la lumière ; elle est éclairée. Tandis que l'autre partie est obscure : c'est l'antipode.

On a le jour nécessaire pour le travail et la nuit indispensable pour dormir.

Ainsi Dieu a donné à l'homme le temps de dormir et le temps de travailler.

Le travail et le sommeil sont très nécessaires dans la vie de l'homme et sont aussi ses dons dont il faut jouir. C'est pourquoi Dieu a séparé le jour de la nuit. Ce fut le jour suivant « Tout est bon ». Lorsque la terre fait son mouvement de translation ; nous avons les saisons reparties en mois : la saison des pluies et la saison sèche en Afrique.

La saison des pluies connaît la durée bien déterminée sans coupure ni détournement : c'est-à-dire ça va de telle période à telle autre.

La coupure des pluies pendant une période bien déterminée est l'aménagement du temps par Dieu pour séparer la saison des pluies de la saison sèche. La saison pluvieuse est nécessaire pour la culture et la saison sèche est favorable à la récolte. Mais reconnaissons qu'il peut y avoir des irrégularités des tombées des pluies dans le calendrier saisonnier.

Dieu nous donne tout pour tout et tout partout et partout pour tous. Ses richesses
Sont inépuisables et intarissables pour suffire et pourvoir aux besoins de ses créatures.

IX. CAS DE RECOMPENCES DE DIEU

La récompense est différente de la bénédiction de Dieu. La récompense est le salaire en signe de reconnaissance qu'un homme reçoit en mérite d'un travail rendu. Tandis que la bénédiction c'est la multiplication ou l'augmentation de ce qu'on a déjà ou de ce qu'on aura ; c'est la grâce matérielle et spirituelle que Dieu accorde à l'homme. La récompense et la bénédiction de Dieu dépendent de la soumission et de l'obéissance à la volonté de Dieu. (Genèse 22 :15-18) Abraham a eu à la fois la récompense d'avoir un fils Isaac et la bénédiction d'avoir sa postérité comme les étoiles du ciel et du sable au bord de la mer. Prenons l'exemple de nous Pasteurs méthodistes et de quelques laïcs obéissants et soumis à la volonté de Dieu et qui l'ont servi, il nous a récompensé et béni à titre de ces exemples. Presque dans chaque famille d'un pasteur ou laïc vous trouvez assez d'enfants. La plupart de nos enfants parviennent à étudier malgré l'insuffisance de nos moyens financiers. Dans beaucoup de familles de nos pasteurs et des laïcs qui se donnent et se donnaient au service de Dieu il ne manque presque pas un enfant au niveau des études universitaires; d'autres au niveau des études relatives à leur âge. Les quelques cas exceptionnels ne manquent pas, et plus souvent peut-être là où les parents ou les enfants ont eu un laisser-aller. Le service de Dieu exige le sacrifice, l'oubli de soi, la patience, la soumission, l'obéissance et la détermination pour mériter une récompense et une bénédiction de la part de Dieu.

Nous devons éviter à nos enfants un mauvais comportement car cela attire des malheurs. Cas typique des enfants d'Elie périrent à cause de leur mauvais comportement. Cela ne concerne pas seulement nos enfants, mais aussi tout serviteur de Dieu parce que sa récompense n'est pas toujours de faire du bien mais aussi à punir et châtier le mal. (1 Samuel 2 :12-17, 22,29). Tout se paye ici-bas et chaque travail mérite un salaire.

X. L'AMOUR DE DIEU POUR SES HOMMES

A cause du péché d'Adam et Eve ; toute la terre a été maudite. Adam et Eve furent chassés de Jardin d'Eden. L'homme connaît toutes sortes des vices sous toutes ses formes. Devant cette situation misérable de l'homme quel que soit la malédiction ; Dieu n'est pas resté indifférent. Il prend toujours soin de ses hommes qu'on saura donner ici quelques exemples seulement :

1. Lorsque Adam et Eve se retrouvèrent nus ; Dieu eut pitié d'eux, leur donna la tunique de la peau des bêtes au lieu de les laisser s'habiller des feuilles…
2. Lors de déluge, Dieu se repent de ne plus détruire l'homme par l'eau….
3. Pendant qu'Israël était soumis aux travaux forcés en Egypte ; l'Eternel Yahwèh le tira de l'esclavage de Pharaon.
4. Pour ne pas décimer complètement la race humaine et toute espèce des êtres vivants de la surface de la terre ; Dieu ordonna à Noé de construire l'arche dans laquelle Noé fit entrer chaque espèce d'êtres vivants qui furent ainsi sauvés...
5. Par sa miséricorde très immense, exceptionnelle et sans égale, Dieu faisait revenir souvent Israël à Lui et pardonnait ses transgressions, le délivrait de mains de ses ennemis qui l'assailliraient.
6. Plus grand est son amour tant que Dieu a tant aimé le monde entier et a donné son Fils unique pour le salut de quiconque croit ne périsse point mais qu'il ait la vie éternelle. Cet amour de Dieu manifesté par le sacrifice de son Fils à mourir sur la croix, et en mourant Jésus dit : TOUT EST ACCOMPLI. Au nom de Jésus-Christ mort sur la croix beaucoup de miracles s'opèrent dans la vie des hommes épris par les cas suivants : la maladie, faim, ivresse, adultère, vol, inimitié ,division, poursuite, pauvreté, nudité, mépris, cupidité, convoitise, méchanceté, colère, bataille, calomnie, chômage, haine, violence, fourberie, jalousie, honte, mendicité, paresse, injure, idolâtrie, avarice, arrogance, orgueil, mensonge, magie, sorcellerie, incompréhension, dettes, insoumission, disputes, tromperie et beaucoup d'autres maux semblables qui nous mettent sous l'empire de ce qui est l'œuvre de la chair. (Galates 5 : 19- 21).

Tout un chacun qui me lit en ces pages peut rendre témoignage de quoi il a été libéré et délivré ou autrement rendre témoignage de quelqu'un autre qu'il connaît. Quel apport de votre témoignage dans nos villages, églises, familles, au travail, avec des voisins, ou quels témoignages les autres rendent de vous.

Dieu par le Christ fait de nous de nouvelles créatures (2 Cor 5 :17-18). Auprès de Christ il y a :santé, la nourriture, pompette, gai, éméché gris, émoustillé , fidélité, antivol, amitié, unité, cessation, richesse, respectable, estime, générosité, désintéressement, détachement, indifférence, répulsion, bienveillance, bonté, gentillesse, humanité, calme, douceur, modération, la paix, tranquillité, entente, accord, concordance, plaidoyer, défense, éloge, activité, travail, amour, affection, fraternité, culte, passion, non-violence, droiture, franchise, honnêteté, loyauté, gloire, honneur, audace, application, compliment, louange etc.…La nouvelle naissance ne

vise pas tout simplement à avoir ce qui précède dans sa vie personnelle d'un chrétien, mais notre nouvelle naissance par le sang de Christ doit rayonner aussi dans les différends, domaines de la vie :aspect social, économique, culturel, psychologique et mental. (Éphésiens 4 :14-15 ;1 Cor 13 :11,14 :20 ; Héb. 5 :13-14 ; 1Pierre 2 :2)
Par son amour en rapport avec sa volonté ; Dieu nous confère de nouveaux standing, Nous lève de la poussière, nous élève aux hauts rangs du pouvoir. Par l'œuvre de Christ sur la croix Dieu nous fait grâce de plusieurs dons.

TROISIEME PARTIE

LES SAVANTS ET L'EXISTENCE DE DIEU

Je ne suis jamais entré en contact avec un savant ou un homme de science pour me renseigner de son attitude concernant l'existence de Dieu.
Certainement ; plusieurs attitudes caractérisent certains d'entre eux par leur position d'athéisme, d'agnosticisme, de panthéisme, de déisme, de théisme, de vitalisme, matérialisme, de monisme, de syncrétisme de scepticisme et du christianisme.
Parler de la pensée de quelqu'un qu'on n'a pas consulté pour savoir précisément ce qu'il pense exactement ; serait le trahir et l'accuser de fausseté et de la véracité dont lui-même n'est pas d'accord. C'est spéculer autour de la vérité ou autour de mensonge et de fausseté : c'est faire l'utopie.
Dans le cours de logique aux Humanités nous avons appris ce qu'on appelle le postulat c'est-à-dire un principe premier, indémontrable ou non démontré autrement dit : c'est une demande d'un chercheur qui n'arrive pas à démontrer ou expliquer le comment de sa découverte. Alors, je doute un peu si cela est vrai pour ne dire que la science procède donc par tâtonnement, essais et expérimentations sans une voie sûre. « Une vérité scientifique est toujours partielle et reajustable » [25]
C'est ce qui fait que la vérité scientifique peut être aujourd'hui vraie et être demain une erreur ou ce qui est une erreur aujourd'hui peut devenir demain une vérité.
« Chaque théorie scientifique nouvelle est le convoi funèbre de la précédente »[26]
Selon la statistique [27] concernant les savants et leur attitude concernant l'existence de Dieu, voyant quelque part où il écrit : les Athées n'ont pas encore répondu à cette difficulté que l'horloge prouve l'horloger ;[28] cet échec à cette question serait leur acceptation qu'il y a un Créateur de toutes les choses. Peut-il y avoir une invention, une création ou une découverte scientifique sans le nom ou la marque de son auteur ? Qui ne dit mot consent, dit-on !
Qualifier ou appeler des savants Athées serait faire une entorse de comprendre leur réalité, leur comportement et leur attitude.
LEUR REALITE : Tout savant est convaincu qu'il existe biologiquement avec toutes les conditions humaines, sociales, économiques : NAITRE, VIVRE ET MOURIR.
En d'autres termes ; ils ont une origine, un vécu et ils sont mortels.
LEUR COMPORTEMENT : Ils sont très différents des autres hommes par leur raisonnement, actions et réactions à la nature, compréhension des phénomènes naturels, observations attentives et avisées des actions et réactions de la nature.

---

[25] Louis LEPRINCE-RINGUET : Des atomes et des hommes (Nouvelle édition revue et complétée,1969, Gallimard,1941), p 217, cité par Daniel VERNET dans la Bible et la Science p 139
[26]Daniel VERNET, La Bible et la Science, la ligue pour la lecture de la Bible,68-Guebwiller(France) 1971, p 17.
[27] R.-P EYMIEU: La part des croyants dans le progrès de la science au 19ème siècle (Librairie académique Perrin) ; tome I, Dans les sciences exactes (6ème édition, 1920) ; Tome II, dans les sciences naturelles (5ème édition ,1920) cité par Daniel VERNET, La Bible et la science p 143-144..
[28] Daniel VERNET, La Bible et la Science, la ligue pour la lecture de la Bible,68-Guebwiller(France) 1971, p 8

Ils sont doués d'une intelligence qui frappe de stupéfaction et émerveillant. Lorsque je me trouve devant mon ordinateur, l'internet, scanneur, tout le système actuel de communication pour ne citer que cela par exemple ; poserait un problème de savoir quelle est l'origine de leur intelligence ? D'où vient cela ? De la magie, du fétiche, du monde occulte ? Que pensent et disent les savants eux-mêmes ? Selon le Mathématicien, le Pr Hans Rohrbach, de Mayence : « La Bible donne la connaissance ultime, même de ce que le savant ne peut connaître. En Jésus-Christ est vraiment cachée toute la plénitude de la sagesse et de la connaissance : atteindre cette connaissance et cette sagesse c'est le but de ma vie : cela mène à l'obéissance et au service » [29]

Un autre savant contemporain le Dr G.A. Blaauw dit : « Il y a maintenant plus de vingt ans que je suis chrétien. Pendant toute cette période, j'ai étudié et travaillé dans le champ de la science moderne, en particulier dans la branche des ordinateurs électroniques. Ce labeur ne s'est pas dressé contre la bénédiction spirituelle et l'encouragement que Dieu dans Sa grâce a donné. Au contraire, il a confirmé la vérité que Dieu a révélée à travers Sa parole. J'ai constaté cela non seulement dans ma propre vie, mais aussi dans la vie de nombreux savants et ingénieurs croyants » (Lettre du 21 août 1970).[30]

LEUR ATTITUDE : Selon qu'il est écrit dans la Bible, Dieu dit à Adam d'appeler chaque être vivant par son nom (Genèse 2 :19) ; être féconds, multiplier, remplir la terre et la soumettre et de dominer … (Genèse 1 :28 ss). Yahwèh Dieu prit l'homme et le plaça dans le jardin pour le cultiver et le garder (Genèse 2 : 15). Alors leur attitude ne serait pas que Dieu n'existe pas mais plutôt de comprendre que l'homme est appelé à remplir et à exécuter toutes ces missions et ordres de Dieu. C'est peut-être ici qu'il conviendrait de les appeler tout simplement selon le terme déiste. Félix LE DANTEC dit ceci : …En tout cas, il est certain que la grande majorité des hommes sont imbue de l'idée de Dieu, on ne saurait attribuer à l'athéisme le mouvement anticlérical si manifeste à notre époque ; plusieurs se disent athées sans avoir beaucoup réfléchi à ce que cela veut dire.

En voici une curieuse confession : « Je suis athée, comme je suis Breton, comme on est brun ou blond sans l'avoir voulu. Je n'ai donc aucune raison personnelle d'affirmer que l'athéisme vaux mieux qu'autre chose, n'ayant pu par moi-même goûter à autre chose… ».[31]

-Il y a, je crois bien, bien peu d'athées vrais et dont l'athéisme est le résultat d'un sérieux examen »[32]

Comme par sa définition l'athée est celui qui déclare la négation absolue de l'existence de Dieu… ; cette définition suppose aussi dire que les savants athées sont par ce fait même non chrétien. A la lumière de la Bible tout celui qui n'est pas chrétien c'est-à-

[29] Dr Hans ROHRBACH : études, déjà citées, dans « Actes » n° 13, Janvier1969), cité par Daniel VERNET, La Bible et la science p 155-156.

[30] Dr G. A. Blaauw, Professeur de mathématiques électroniques à l'Université de Enschede, aux Pays-Bas, (Lettre du 21 août 1970), cité par Daniel VERNET, La Bible et la science p 156.

[31] Félix LE DANTEC : L'athéisme (Flammarion, 1906 ; cité par Daniel VERNET dans la Bible et la Science p 181

[32] Armand SABATIER: Philosophie de l'effort (Alcan, 1903, p 204, cité par Daniel VERNET, La Bible et la science p 184

dire qui ne confesse pas de sa propre bouche que Christ est son Seigneur et Sauveur (Romains 10 :9-10) est condamné à la perdition éternelle et totale de sa vie de l'au-delà que l'athéisme rejette. Faudra-t-il être l'enfant de la perdition ou sauvé devant Dieu après avoir fait des prodiges nécessaires qui aident l'humanité !
Je pense ; il faut, bien être d'avis favorable et de prévoyance avec le pari de Pascal ; car devant Dieu ; seul la foi en Christ sauve en compagnie des œuvres ; ce ne sont pas seulement les œuvres accomplies : « ...Tu vois que la foi coopérait à ses œuvres et que c'est par les œuvres que la foi atteignit la perfection » (Jacques 2 :22) Aux Galates, l'apôtre Paul écrit :Cependant, sachant bien que l'homme n'est pas justifié par les œuvres de la loi, mais seulement par la foi au Jésus-Christ ...(Aux Galates 2 :16sss).
Donc si tu confesses de ta bouche que Jésus est Seigneur et que si tu crois dans ton cœur que Dieu l'a ressuscité d'entre les morts, tu seras sauvé. (Romains 10 :9)

Parler de savants athées serait généraliser tous. Mais parmi eux, il y en a qui sont chrétiens et rendant des témoignages de leur foi en Christ et de l'existence de Dieu.
Pourquoi pas les autres ne le sont pas ? Serait-ce parce qu'ils sont savants que leur démarche est de vouloir transformer et se substituer à la place de Dieu ?
Autrement, pourrait-on croire et s'imaginer que croire en l'existence de Dieu serait pour eux un lâchement devant un déterminisme à conquérir le monde sans découvrir ce qui peut être la réalité et la vraie cause que le Dieu de la Bible ?
Vouloir se substituer à la place de Dieu c'est très dangereux tel qu'a été le cas de la tour de Babel ; Dieu détruit l'œuvre de l'homme et sème la confusion des langues parmi les peuples. (Genèse 11 :1-9). Tel que le déclare un Savant Australien Sir Mac Farlane Burnet : il dit « Il y a les ignorances de la science, et aussi malgré tout, ses ambitions et « insolences » avec lesquelles il faut cependant compter ! Et certaines connaissances et certaines démarches de la science exposent le monde « à des dangers épouvantables ». C'est là l'avertissement lancé par ce savant... qui continue : « Le Savant qui fait des expériences accepte cela difficilement, mais il devient trop évident qu'il est dangereux de savoir ce qui ne devrait pas être connu... ». En considérant le domaine dans lequel il est spécialisé,...il déclare : « Les conséquences, pour ce qui trame dans l'Univers sophistique de la culture des tissus, cellules, bactéries, virus, qui peuvent être prélevés à l'origine sur l'un ou sur l'autre, sont aux mieux douteuses et au pire franchement terrifiantes » ; il envisage ainsi la possibilité pour un virus de grande virulence obtenu dans ces conditions de s'échapper , et de se répandre déterminant « une catastrophe inimaginable ... frappant toutes les régions les plus peuplées du globe ».[33].
Si notamment certains Savants apparaissent détachés de toute Eglise, c'est bien plus à cause de la figure que les Eglises leur offrent et de l'inconséquence des chrétiens, que de l'enseignement doctrinal du christianisme et des faits historiques, bibliques sur lesquels il se fonde.[34] .Ceci ne peut pas être une raison sur laquelle les savants peuvent

[33] Sir Mac-Farlane BURNET, savant australien, Prix Nobel 1960 pour ses recherches sur les greffes tissulaires, cité par Daniel VERNET, dans la bible et la Science, p 207-208.
[34] Daniel VERNET, La Bible et la science, La ligue pour la lecture de la Bible, 68-Guebwiller, 1971 (France) p 204.

s'appuyer jusqu'à ne pas croire en Jésus-Christ et à rejeter l'existence de Dieu. Il y a à déplorer pour les savants concernant la vie éternelle ; car devant Dieu le jugement de chaque homme sera individuel ; ne dépendra pas des autres ou de ce que les autres ont fait ; pas même d'appartenance à telle ou une telle Eglise ou une telle ou telle association et pas même une tendance ou attitude.
Mais hélas, voici les quelques extraits des témoignages d'hommes de science et de foi, confessions et aveux des savants athées ou détachés de toute religion tirés du livre de Daniel Vernet intitulé : LABIBLE ET LA SCIENCE.

a) TEMOIGNAGES D'HOMMES DE SCIENCE ET DE FOI.

L'existence d'un témoignage de la science à la Bible doit entraîner logiquement un témoignage des hommes de science à l'Ecriture sainte ; le contraire serait surprenant.
En fait, de nombreux savants ont proclamé leur foi avec beaucoup de force ; (La Bible et la science page 141).

- en un Dieu Créateur et ordonnateur du Monde ;
- en un Dieu Providence dont la force toute puissante et partout présente conserve, gouverne et conduit la Création tout entière, avec sagesse, selon les lois qu'Il a lui-même établies, réglant tout selon sa volonté souveraine ;
- en un Dieu Sauveur qui appelle à la vie, et à la vie éternelle.[35]

Les deux attitudes des savants croyants.

De ces deux attitudes prenons en une qu'il est évidemment possible d'ajouter à ceux que nous venons de citer de nombreux autres témoignages émanant d'hommes de science du XXème siècle, comme des siècles précédents :

- Croyance en un Dieu personnel, créateur et ordonnateur de l'univers ;
- Croyance en un Dieu qui continue à gouverner le monde par sa providence et qui pourvoit aux besoins de toutes ses créatures ;
- Croyance en un Dieu qui se fait connaître à l'homme par Sa parole et par ses œuvres, qui est attentif et qui répond à la prière de la foi ;
- croyance dans le prolongement de cette vie au-delà de la tombe, en une vie plus haute et plus belle, une vie de plénitude sans limitations ni servitudes.[36]
- Voici les quelques déclarations individuelles de certains hommes de science croyants :
- Tout homme qui croit en Dieu doit comprendre qu'aucun fait scientifique, s'il est vrai, ne peut contredire Dieu…[37] Mais la vérité de la Bible déborde et

---

[35] Daniel VERNET, La Bible et la science, La ligue pour la lecture de la Bible, 68-Guebwiller, 1971 (France) p 141
[36] Daniel VERNET, La Bible et la science, La ligue pour la lecture de la Bible, 68-Guebwiller, 1971 (France) p 168.
[37] LECOMTE DE Noüy: L'Homme et sa Destinée (La Colombe,1948), p 193, cité par Daniel VERNET, La Bible et la science p 140.

dépasse nos théories, nos systèmes, voire nos théologies. L'échelle de Dieu n'est pas celle de l'homme…[38]

- Ceux qui sans preuve aucune se sont efforcés systématiquement de détruire l'idée de Dieu ont fait l'œuvre vile et antiscientifique… (Pierre Lecomte du Noüy) -Je ne crois pas seulement en Dieu, « je Le vois…On m'arracherait la peau plutôt la foi en Dieu » (Sérignan J.H. Fabre)[39]
- …Ecoute les savants, mais ne les écoute que d'une oreille. Que l'autre soit toujours prête à recevoir les doux accents de la voix de ton ami céleste. « N'écris que d'une main. De l'autre tiens-toi au vêtement de Dieu comme un enfant se tient attaché au vêtement de son père… » (André –Marie Ampere)[40]

- « Il y a je crois, bien peu d'athées vrais, d'athées réfléchis, et dont l'athéisme est le résultat d'un sérieux examen. La plupart des athées le sont plutôt pratiquement que rationnellement. Ce sont des gens qui pensent peu à Dieu, plutôt que des négateurs irréductibles de son existence » (Armand Sabatier)[41]

- Le Dieu de la prière est par excellence le Dieu de Christianisme, c'est-à-dire le Dieu Créateur et Père, le Dieu qui aime sa créature et qui la veut bonne et heureuse (Armand Sabatier)[42]

- C'est par la prière que l'homme va à Dieu et que Dieu entre en lui. Il faut prier fréquemment…Ainsi comprise la prière devient une manière de vivre. » (Citation reproduite d'après Jacques DUQUESNE)[43]

b) CONFESSION ET AVEU DE SAVANTS ATHEES OU DETACHES DE TOUTE RELIGION

- Un individu qui n'a pas l'idée de Dieu ne peut l'acquérir que si Dieu se manifeste en lui, et cela ne saurait arriver que par un miracle…(Le Dantec)[44]

- Croire en Dieu ? je pourrais, comme tant d'autres répondre ; « Cela dépend de ce que l'on entend par DIEU …Mais il me parait un peu honnête d'appeler Dieu n'importe quoi. La seule propriété spécifique de Dieu : priabilité (M Jean Rostand)[45].

---

[38] Daniel VERNET, La Bible et la science, La ligue pour la lecture de la Bible, 68-Guebwiller, 1971 (France) p 140

[39] Serignan J.H. Fabre, cité par Daniel Vernet dans la Bible et la science page 150.

[40] André Marie AMPERE, (1775-1836), dans son journal intime, cité par Daniel VERNET dans la Bible et la science p 159-160.

[41] ARMAND Sabatier : La philosophie de l'effort (1903), cité par Daniel VERNET dans la Bible et la science p 146.

[42] ARMAND Sabatier : La philosophie de l'effort (1903), cité par Daniel VERNET dans la Bible et la science p162

[43] Jacques DUQUESNE : Dieu pour l'homme d'aujourd'hui (Grasset,1970), cité par Daniel VERNET dans la Bible et la Science, p 163-164.

[44] Le Dantec, cite par Daniel VERNET dans son livre La Bible et la science p 182

[45] Jean ROSTAND, Ca.B. 1967, cité par Daniel VERNET dans son livre la Bible et la Science p 187

- Moins on croit en Dieu, plus on comprend que d'autres y croient (M Jean Rostand)[46] .

- Voilà la logique qui nous dépasse et nous déborde prodigieusement et dont parlait Bataillon ;elle n'est autre que la logique et la raison de Dieu, créateur et gouverneur du monde et de la vie, dont beaucoup n'osent pas prononcer le nom, mais que selon le courant même de leur logique et de leur raison, ils sont contraints de confesser.(Bataillon)[47].

- « Je peux seulement dire que je ne suis athée et aussi que je n'ai aucune pratique religieuse …Je ne puis adhérer à telle ou telle religion. » Mais comme homme de science, il affirme : « L'idée que le monde, l'univers matériel, s'est créé tout seul me parait absurde. Je ne conçois le monde qu'avec un créateur, donc un dieu… (Pr Alfred Kastler, Prix Nobel de Physique)[48].

- Voici de la manière dont répète un savant historien l'hymne sonore et joyeux :

« Faut-il que ce soit là la Vérité !...

« Dieu est ! C'est l'hymne triomphant de la majorité des grands savants ;

« Dieu est ! C'est l'aveu contraint et forcé de quelques-uns des savants dont l'athéisme est le plus célèbre.

« Dieu est ! ... » (E. Doumergue,)[49].

Comme il y a tant des témoignages d'hommes de science et de foi et plus encore ; la confession et aveux des savants athées ou détachés de toute religion que nous n'avons pas pu extraire du livre de Mr Daniel Vernet il est vrai que Dieu ne cesse pas de se manifester à ses créatures d'une manière ou d'une autre. Ainsi donc nous pouvons retenir ces écrits riches en pensées telle que Mr Daniel Vernet écrit tout aux longues pages de 211-213 en retenant que ne soit ceci :

Malgré tout, la vie, la mort, le temps, l'éternité, l'infini tourmentent l'homme. Il y a dans le cœur de tout homme, parmi tous les autels élevés aux divinités païennes et aux faux dieux qu'il se forge, un autel constamment dressé au Dieu inconnu. Celui, justement, que nous révèle et nous fait connaître la Bible, « LE DIEU VIVANT ET VRAI » (1 Thess. 1-9).

---

[46] Jean ROSTAND, I.B.1967, cité par Daniel VERNET dans la Bible et la science p187.

[47] BATAILLON, cite par Daniel VERNET dans son livre, la Bible et la Science p 191-192

[48] Pr Alfred Kastler, prix Nobel de Physique, cité par Daniel VERNET dans son livre, la Bible et la science p 203-205

[49] Emile DOUMERGUE: Dieu est –il? (Le déisme des grands savants athées) Qui est Dieu? (L'expiation sur le calvaire) (Union des Chrétiens Evangéliques, 1926, cité par Daniel VERNET, dans son livre la Bible et la Science p 210.

CONCLUSION

J'ai lu le livre de Henry T. Blackaby et Claude V. King intitulé : CONNAITRE ET FAIRE LA VOLONTE DE DIEU, VOTRE EXPERIENCE PERSONNELLE AVEC DIEU. C'est un livre à mon sens et à ma compréhension résume et expose les voies et les moyens pour connaître Dieu à partir des expériences personnelles. C'est un manuel qui expose comment et pourquoi Dieu peut ou ne peut pas répondre ou excuser nos prières. Il y a là-dedans des illustrations des gens qui ont fait leurs expériences personnelles avec Dieu. Il y a des témoignages concrets : « **Je connais Dieu plus intimement quand il se révèle à mes yeux à travers les expériences que j'ai avec lui** »[50] « **Vous arrivez à connaître Dieu** : Dieu se révèle à son peuple par ses actions » Quand Dieu travaille à travers vous pour accomplir ses desseins, vous arrivez aussi à le connaître par expériences. Vous arrivez aussi à connaître Dieu quand il répond à un besoin particulier dans votre vie…les noms de Dieu indiquent la manière dont il s'est révèle à l'humanité.[51] Ils mettent l'accent surtout sur la prière, la soumission et l'obéissance à Dieu. C'est un livre qui vaut la peine d'être lu et de mettre ses enseignements en pratique pour la vie quotidienne d'un chrétien dans les différents aspects. « Cet ouvrage diffère probablement de la plupart des livres que vous connaissez.[52] »

Un autre auteur, Daniel VERNET dans son livre portant le titre de : LA BIBLE ET LA SCIENCE ; lui, part de la Bible et la science pour expliquer, témoigner et insister sur l'existence de Dieu de la Bible de fois niée par certains savants athées qui disent par exemple «…doivent être rejetées, au nom de la science, toutes philosophies spiritualistes, en particulier toutes les données de la révélation biblique et toutes les affirmations de la foi chrétiennes(Ernst Haeckel)[53].

…je resterai athée après l'avoir fini…(Le Dantec)[54].Il y a beaucoup d''autres savants qui déclarent leur position d'athéisme d'une façon ou d'une autre. »

Pr Daniel Vernet écrit :1) Dieu se révèle d'abord à nous par **Ses Œuvres** : Il est le Créateur très longtemps avant le sceptique Voltaire qui déclarait : « Le monde m'embrasse et je ne puis songer

Que cette horloge existe et n'ait point d'horloger »[55]

---

[50] Henry T. BLACKABY &Claude V. KING Connaitre et faire la volonté de Dieu, Votre expérience personnelle avec Die, Centre de Publications Baptistes, El Paso, TX, Etats-Unis,1995 p 66.

[51] Henry T. BLACKABY &Claude V. KING Connaitre et faire la volonté de Dieu, Votre expérience personnelle avec Dieu, Centre de Publications Baptistes, El Paso, TX, Etats-Unis,1995 p187

[52] Henry T. BLACKABY &Claude V. KING Connaitre et faire la volonté de Dieu, Votre expérience personnelle avec Dieu, Centre de Publications Baptistes, El Paso, TX, Etats-Unis,1995 p 9

[53] Ernst HAECKEL, savant Allemand (1834-1919) cite par Daniel VERNET dans son livre la Bible et la Science p 177-176.

[54] Le Dantec op p 184

[55] Daniel VERNET, La Bible et la science, La ligue pour la lecture de la Bible, 68-Guebwiller, 1971 (France) p 8

2) Dieu se révèle aussi à nous par « **Sa Parole** »

Consignée dans ce que l'on appelle… la Bible ».

La Bible ! Le fondement invariable, la charte intangible du christianisme dont les premières pages sont si vieilles ![56]

La Science ! Cette sciène qui, sous nos yeux sans cesse se renouvelle, qui par les conquêtes les plus surprenantes bouleversent nos notions du temps et de l'espace, élargit continuellement notre vision du monde transforme plus profondément chaque jour les conditions de notre existence ![57]

Le physicien Edouard Branly, le père de la télégraphie sans fil donnait cette double définition :

- « La science est un effort vers la création »
- « La Religion est un effort vers le Créateur » [58]

Le livre de Mr Daniel Vernet est à mon point de vue ; celui qui éclaire et répond à la négation, doute, scepticisme et le syncrétisme des hommes de science et techniciens scientifiques rejetant l'existence de Dieu vivant et Créateur de toutes choses pour se fier entièrement aux démarches des sciences pour tenter d'expliquer et de conquérir le monde en excluant la présence et la puissance de Dieu comme Créateur.

Le défi du livre je l'espère bien ; n'est pas lancé seulement à ce groupe ou catégorie des gens doitées au bout de l'index en chiffre de 432 savants selon la statistique dressée du XIXème siècle répartie entre des savants des attitudes et des tendances religieuses différentes dont la statistique actuelle n'est pas connue à cause de ce qui suit :

1) Le nombre de chercheurs s'est accru considérablement, et s'accroit de façon constante chaque jour, la spécialisation des savants augmente aussi au fur et à mesure que de nouvelles voies s'ouvrent à la science…

2) Il en résulte que la recherche scientifique s'est modifiée et a suivi des orientations différentes dans ses méthodes ; elle procède actuellement, beaucoup plus qu'au XIXème siècle, d'un labeur collectif, le travail personnel tend de plus en plus à se fondre dans un travail d'équipe.

3) Une classification absolument juste et exacte se heurte à des obstacles sans doute plus considérables qu'aux époques précédentes ; il y a des nuances dont il convient de tenir compte : par exemple dans le camp des athées, s'il y a des savants professant un

---

[56] Daniel VERNET, La Bible et la science, La ligue pour la lecture de la Bible, 68-Guebwiller, 1971 (France) p 10
[57] Daniel VERNET, La Bible et la science, La ligue pour la lecture de la Bible, 68-Guebwiller, 1971 (France) p 10
[58] Edouard BRALY, Le père de la télégraphie sans fil, cité par Daniel VERNET dans la Bible et la science p 12.

athéisme sans réserve, il y en est d'autres dont l'athéisme les conduit à une inquiétude et à une angoisse qu'ils ne peuvent taire ; la démarcation est alors difficile à faire entre les vrais athées et ceux qui émettent des doutes sur la valeur et le bien-fondé de l'athéisme… « Donc Mr Daniel Vernet nous révèle l'accord entre la vraie science et l'Ecriture Sainte en ce qui concerne la création et l'avenir du monde, comme en ce qui concerne l'homme, son origine et sa destinée. »[59](André LAMORTE, Docteur en Théologie)

Mais cet appel est lancé plutôt à toute personne qui demeure encore dans l'attitude de l'ignorance, de doute, scepticisme, syncrétisme ou de pratique autre que ce là de connaître Dieu et son existence en tant que Créateur de tout ce qui est sur la terre et dans le ciel. L'objectif et le but que je poursuis dans les démarches de mon ouvrage intitulé : CONNAITRE DIEU PAR SES BIENFAITS est un appel à l'homme de connaître Dieu, son existence, reconnaître ses bienfaits, placer sa confiance en Lui.

Connaître Dieu : le Seul Créateur, « Mais, au- delà de toutes les causes premières et secondaires, et à leur origine, il est bien évident qu'il y a la Cause des Causes, la cause première, par excellence, celle en dehors de laquelle tout nous paraitrait incompréhensible ».(Claude Bernard physiologiste)[60].

Reconnaître ses Bienfaits : nous vivons grâce à ce que Dieu a créé. Toutes les découvertes, transformations et innovations scientifiques sont issues de la matière créée par Dieu. D'où nous Lui devons louange, gloire et adoration.

Placer sa confiance en Lui : Dieu pourvoit aux besoins de tout un chacun. Toute Action de l'homme est sans effets en dehors de la volonté de Dieu. Tout secours toute démarche, n'importe où nous allons, quoi que ce soit la solution à nos problèmes peuvent échouer mais l'œuvre de Dieu est parfaite et toujours couronnée de succès et de réussite sans concurrent et si souvent infaillible.

C'est bien entendu que l'action de Dieu n'attend pas seulement que l'homme lui soumette son état des besoins ; non. Il connaît déjà tout. Avant que vous ne demandiez quelque chose votre père qui est dans le ciel connaît tout (Matthieu 6 : 8) Par sa bonté et son amour Dieu agit en secret, par sa providence. Lisez-le livre d'Esther ; vous ne rencontrez nulle part le nom de Dieu mais ; Dieu agit. « Mardochée dit à Esther, si tu refuses de voir le Roi…notre secours viendra d'ailleurs » (Esther 4 :14). Plus encore; pour faire le bien; Dieu ne se sert pas seulement de ce qui apparait bien et heureux à nos yeux et notre consentement, non. Il se sert aussi de ce qui semblerait mal, mauvais et pénible surtout à l'endroit de ceux qui lui sont résistants, insoumis et désobéissants à sa volonté et pratiquant le mal. Tel était le cas du Roi Pharaon lorsque Dieu voulut faire sortir Israël de l'Egypte, il eut la résistance devant Dieu qui frappa l'Egypte de dix plaies ou fléaux.(Exode 7 au 11 :1-10) Et pour se faire connaître à Israël Dieu l'avait fait voyager pendant quarante jours en le soumettant aux multiples épreuves.(Exode 12 :37-42) Au chapitre 18 :8-11 « Moïse raconta à son beau-père tout

[59] André LAMORTE, Docteur en Théologie, dans la Bible et la science de Pr Daniel Vernet p 6.

[60]Claude BERNARD, grand biologiste à propos des phénomènes vitaux, cité par Daniel Vernet dans la Bible et la Science p 12.

ce que Yahwèh avait fait à Pharaon et à l'Egypte à cause d'Israël ; toutes les difficultés qu'ils avaient rencontrées en chemin, et comment Yahwèh les avait délivrés … Itro le beau- père de Moïse dit : Je sais maintenant que YAHWEH est plus grand que tous les dieux….

J'appelle bienfaits de Dieu : toute réponse à notre demande, toute solution à notre problème, tout acte de salut opéré par Dieu, tout changement bienveillant dans la vie, toute bénédiction et récompense que Dieu ne cesse de faire pour nous. (Matthieu 6 :25-33).

Dans nos pages précédentes, nous avons suscité les quelques cas des références Bibliques, textes d'illustration ou d'exposé, quelques questions de méditation et réflexion, Commentaire en guise de conclusion, invocation et louange, passages bibliques à retenir, prière et cantiques pour nous aider et nous orienter à comprendre de quelle manière Dieu se révèle à l'homme. Suivant de différentes manières dont Dieu se révèle et agit ; l'homme lui confère plusieurs noms, attributs et épithètes. Chaque homme, chaque tribu, chaque langue, chaque pays et chaque peuple L'appelle suivant ce qu'il a fait, ce qu'il fait et ce qu'il fera pour lui.

Notre Dieu est Omnipotent, Omniscient et Omniprésent. C'est ainsi d'une manière ou d'un autre Dieu porte plusieurs appellations que la liste sera très longue avec des pages et pages s'il fallait les écrire. Les quelques-uns peuvent se retrouver dans le Nouvel Index Biblique pages 60-69 et le livre de connaître Dieu et faire la volonté de Dieu, votre expérience personnelle avec Dieu pages 268-289 annexe B 1.

Cette connaissance de Dieu par ses bienfaits ne doit pas être circonstancielle, occasionnelle ou momentanée. Elle doit demeurer permanente dans notre vie avec conviction et confession de la Seigneurie du Christ comme Seigneur et Sauveur dès maintenant et pour l'éternité si souvent maintenue par la prière de « NOTRE PERE » (Jean 6 :9-13). La Bible reste le seul livre témoignant de l'existence de Dieu et de toute autre explication de la vérité de tout ce qui existe.

Dans la deuxième partie de cet ouvrage nous avons donné les quelques témoignages des gens qui ont jouit personnellement de bienfaits de Dieu de différentes manières et en rendent témoignages en reconnaissant Dieu comme tel dans leur vie pour chaque cas précité de référence biblique dans la première partie.

Dans la troisième partie nous avons parlé de savants et l'existence de Dieu. Beaucoup de cantiques sont dans ma langues maternelle, dans laquelle j'aime chanter et glorifier Dieu en reconnaissance de ses bienfaits en Jésus-Christ par la Puissance du Saint-Esprit. Ainsi j'ai donné les numéros S.S. pour aider les autres à comprendre le sens des cantiques.

BIBLIOGRAPHIE

I. OUVRAGES

1. Bibles: Versions de références bibliques.

-CRAMPON, Presse de la Société de Saint Jean l'Evangéliste, Descellée et Cie Tournai, entre 1894 et 1904.

-TOB, imprimé en Corée.

2. Daniel VERNET, La Bible et la science, Ligue pour la lecture de la Bible 1971, 68, Guebwiller (France)

3. Henry T. Blackaby & Claude V. Viking, Connaitre et faire la volonté de Dieu. Votre Expérience personnelle avec Dieu, pour la traduction française, édition 1995, Centre de Publication baptistes, El Paso, TX, Etats-Unis.

4. NOUVEL INDEX BIBLIQUE, La "Nouvelle édition Segond Révisée " (Bible à la Colombe), et l'ancienne "Version Segond 1910). La Coédition

LE BON LIVRE, Rue du Moniteur 7, 8. 1000 BRUXELLES (Belgique), LESBONS SEMEURS, Rue Belliard 167, F-75018 Paris (France).

RECUEIL DES CANTIQUES KILUBA, Imprimé par Christian Littérature Press, Chingola, Zambie.

II. DICTIONNAIRES

1.Dr RENE PACHE, Nouveau Dictionnaire biblique, révisé et augmenté, Edition Emmaüs 1992, CH 1806, Saint-Légier SUISSE.

2. LE LAROUSSE ILLUSTRE DE LA REPUBLIQUE DEMOCRATIQUE DU CONGO, LAROUSSE 2009.

3. LAROUSSE PETIT ROBERT,

III. PERSONNES INTERVIEWEES.

1. Rév. LENGE TONDO KIMBOTO, L2 en théologie, Assistant et Doyen de Faculté de Théologie à l'Université Méthodiste de Kamina ; UMK/Kamina en sigle.

2. Rév. MUKANYA NSHIKALA, L2 en théologie, Aumônier à l'Université méthodiste de Kamina ; UMK/Kamina en sigle.

3.Rév Georges NGOIE MAZAMBA, L2 en théologie et Secrétaire Général Académique à l'Université Méthodiste de Kamina ; UMK/Kamina en sigle.

4. Rev. NGOY'A SANZA KAWAYA, Gradué en théologie et Aumônier adjoint à l'Université Méthodiste de Kamina ; UMK/Kamina en sigle.

5. Mr KAMFWE KALEMBA Joseph Alkin, L2 en Santé Publique et Assistant à L'UNIKAM et à l'Université Méthodiste de Kamina ; UMK/Kamina en sigle.

6. Mr Pamphile, Chauffeur à la MONUCO à Kamina.

7. Sr KAHOLE NGOY Nancy, étudiante finaliste en GIII Santé Publique à L'UNIKAM.

8. Sr NKULU KILUMBA Mireille, étudiante en GIII, en Santé Publique à l'I.S.S.S. Méthodiste à Kamina.

9. Fr Mwepu Lwanga Masashi étudiant en GII agronomie à l'Université de Kamina.

10. Mme NGOIE MUKEYA Marie, femme ménagère et mère de 8 enfants.

TABLE DES MATIERES

Printed by Books on Demand GmbH, Norderstedt / Germany